职业教育汽车专业课程改革创新教材

汽车发动机构造与检修项目工作页

Automobile Engine Structure and Maintenance of the Project Work

孙玉章 王家虎 ◎ 主编

万晓峰 刘元芝 崔阳阳 ◎ 副主编

人民邮电出版社

北京

图书在版编目（CIP）数据

汽车发动机构造与检修项目工作页 / 孙玉章，王家虎主编. -- 北京 : 人民邮电出版社，2013.1
职业教育汽车专业课程改革创新教材
ISBN 978-7-115-32413-9

Ⅰ. ①汽… Ⅱ. ①孙… ②王… Ⅲ. ①汽车－发动机－构造－职业教育－教材②汽车－发动机－车辆修理－职业教育－教材 Ⅳ. ①U472.43

中国版本图书馆CIP数据核字(2013)第141914号

内容提要

本书基于生产实践，贯穿“理实一体化”教学理念，采用项目教学法而整合开发。旨在培养学生从事汽车检测、维修工作的综合职业能力。

本书包含 23 个项目，每个项目分别由项目目标、项目器材、项目内容、知识拓展、课后反思、作业考核表 6 部分组成。

通过对 23 个项目的学习和训练，读者不仅能够掌握汽车发动机的基础知识，而且能够掌握发动机常见故障的诊断方法，达到汽车中、初级维修工所要掌握的基本技能。使老师和学生在进行实训时，学习有目标，教学有依靠，评分有根据，考核有标准。

本书可作为中等职业学校汽车运用与维修专业教材，也可作为职业技能培训和相关行业岗位培训用书。

◆ 主　　编　孙玉章　王家虎
副 主 编　万晓峰　刘元芝　崔阳阳
责任编辑　李育民
执行编辑　王丽美
责任印制　沈　蓉　杨林杰

◆ 人民邮电出版社出版发行　　北京市崇文区夕照寺街 14 号
邮编　100061　　电子邮件　315@ptpress.com.cn
网址　http://www.ptpress.com.cn
北京天宇星印刷厂印刷

◆ 开本：787×1092　1/16
印张：8.5　　2013 年 1 月第 1 版
字数：210 千字　　2013 年 1 月北京第 1 次印刷

定价：23.00 元

读者服务热线：(010)67170985　印装质量热线：(010)67129223
反盗版热线：(010)67171154

前言 PREFACE

汽车发动机构造与检修是汽车维修技术人员的典型工作任务，是高素质劳动者和初、中级专门人才所必需的汽车发动机知识和汽车发动机维修的基本技能。本书主要根据教育部 2001 年颁发的《中等职业学校汽车运用与维修专业教学指导方案》，参照汽车维修行业的职业技能鉴定规范及中级汽修工等级考核标准，结合维修企业中常见的工作项目内容设计开发的，是对规划教材内容的辅助和补充。

本书基于生产实践，贯穿“理实一体化”教学理念，采用项目教学法整合开发。旨在培养学生从事汽车检测、维修工作的综合职业能力。

本书内容取自典型汽车维修案例，以项目为导向，每个项目分别由项目教学目标、项目所需器材、项目教学内容、知识拓展、课后反思、作业考核表 6 部分组成。书中将每一系统的结构、原理、维护和检修、常见故障的诊断与排除综合起来，运用引导文法，引导学生运用现有的技术资料，逐步解决检修中的问题，建立起良好的检修思路。项目考核表便于教师对学生的操作做终结性考评，使学生逐步树立正确的检修理念，明确规范的检修程序，培养过硬的检修技能。

通过对 23 个项目的学习和训练，读者不仅能够掌握汽车发动机的基础知识，而且能够掌握发动机常见故障的诊断方法，达到汽车初、中级维修工所要掌握的基本技能。使老师和学生在进行实训时，学习有目标，教学有依靠，评分有根据，考核有标准。

本书的参考学时为 234 学时，建议采用理论、实践一体化的教学模式，各项目的参考学时见下面的学时分配表。

项　目	课程内容	学　时
项目一	发动机的总体构造与拆装	12
项目二	发动机气缸垫的检修	6
项目三	气缸盖的检修	6
项目四	气缸体的检修——气缸测量	12
项目五	气缸体的检修——气缸体平面度检查	8
项目六	活塞连杆组的检修	12
项目七	发动机连杆（曲轴）轴承间隙的检查	8
项目八	连杆的检修	8
项目九	发动机曲轴飞轮组的检修	6
项目十	活塞环的检修	8
项目十一	曲轴的检修——曲轴测量	6

续表

项 目	课程内容	学 时
项目十二	气门组拆装及检修	8
项目十三	配气正时机构的拆装与检查	10
项目十四	发动机气门间隙的检查与调整	8
项目十五	发动机气门与气门座圈的检修	4
项目十六	发动机冷却系的检修	12
项目十七	水泵及节温器的检修	8
项目十八	发动机润滑系的检修	12
项目十九	机油泵及集滤器的检修	6
项目二十	节气门位置传感器的检修	16
项目二十一	空气流量计的检修	16
项目二十二	电控发动机燃油供给装置的检修	20
项目二十三	喷油器的检测	12
总考核		10
合 计		234

本书由孙玉章、王家虎任主编，万晓峰、刘元芝、崔阳阳任副主编。

由于编者水平和经验有限，书中难免有欠妥和错误之处，恳请读者批评指正。

编 者

2012 年 10 月

CONTENTS

目录

项目一 发动机的总体构造与拆装

【项目教学目标】

1．掌握发动机的总体组成及机体组的组成。

2．了解发动机的工作原理。

3．能熟练地按照工艺过程要求进行发动机的拆装。

4．掌握各类通用拆装工具的使用。

【项目所需器材】

8A 发动机、120 件世达工具、扭力扳手、维修手册、活塞收缩器、活塞环卡钳、机油壶、橡皮锤、塑料套管。

【项目教学内容】

一、发动机机体组拆卸前的准备工作

1．排放油底壳内的机油。

2．拆卸发动机机体外部零件。

3．拆卸正时带和带轮（正时链轮或链条）。

二、发动机机体拆卸

1．拆下油底壳，拆卸油泵总成。

2．拆卸气门罩盖、气门室密封垫。

3．拆卸凸轮轴，按照维修手册要求顺序拆卸凸轮轴轴承盖上的螺栓。

拆卸顺序为：____。

注意 拆卸下来的轴承盖一定要做好标记并按顺序放好。

4．拆下气缸盖，注意应从______向________________拧松。

5．拆卸活塞连杆组时，注意气缸号、朝前标记及拆卸工艺。

思考 有哪些朝前标记？

6．按维修手册要求顺序拧松主轴承盖上的螺栓，卸下曲轴飞轮组，并注意主轴承盖的安装记号。

拧松顺序是：________________________________。

三、发动机机体装配

按照与拆卸发动机机体的相反顺序将各部件进行装配，注意应按规定力矩拧紧各部件。

1．安装曲轴飞轮组。力矩为：________________。

2．安装活塞连杆组，注意气缸号、朝前记号。力矩为：________________。

3．安装气缸盖，注意气缸垫的安装方向。

气缸垫的安装方向为：________________。

螺栓的拧紧顺序为：________________。

在图 1-1 上画出气缸盖螺栓安装位置

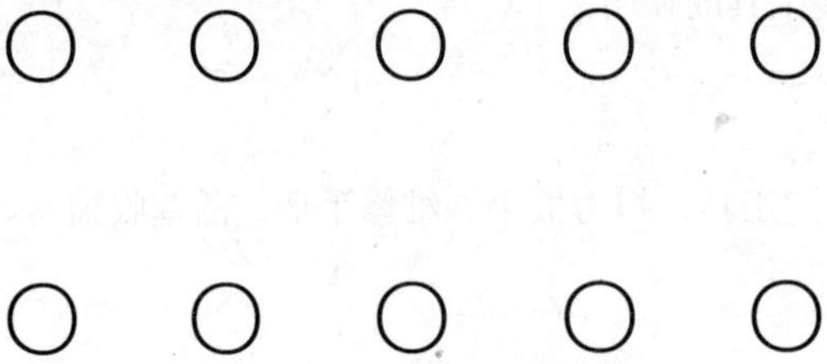

○ ○ ○ ○ ○

○ ○ ○ ○ ○

图 1-1　气缸盖螺栓安装位置示意图

4．安装凸轮轴。

5．安装气门罩盖。

6．安装机油泵总成。

7．安装油底壳。

8．安装正时带和带轮（正时链轮或链条）及其传动件，注意核准正时标记。

9．装复发动机的机体外部零件。

【知识拓展】

一、发动机的分类

常见的车用发动机按种类、大小及用途等的不同有许多的分类方式。

1．按工作循环方式分类

（1）奥图循环（Otto Cycle）：使用在汽油发动机上。

（2）狄塞尔循环（Diesel Cycle）：使用在柴油发动机上。

2．按使用燃料的种类分类

（1）汽油发动机：主要使用在汽车、航空器等。

（2）柴油发动机：主要使用在汽车、船、发电机等。

（3）重油发动机：主要使用在船、发电机等。

（4）燃气发动机：主要使用在汽车等。

3．按冷却方式分类

（1）气冷式发动机。

（2）水冷式发动机。

4．按工作循环冲程分类

（1）二冲程发动机：2 个冲程完成一个工作循环。

（2）四冲程发动机：4 个冲程完成一个工作循环。

5．按活塞运动的不同分类

（1）往复式活塞发动机（Reciprocating Engine）。

（2）回转式活塞发动机（Rotary Engine）。

6．按点火方式分类

（1）压缩点火式发动机。

（2）火花塞点火式发动机。

7．按气缸数量分类

（1）单气缸发动机。

（2）多气缸发动机。

8．按气缸排列方式分类

（1）直列式发动机。

（2）V 形发动机。

（3）W 形发动机。

（4）水平对置发动机。

现行汽车产品上所使用的发动机，主要采用奥图循环、以汽油为燃料的往复式活塞四冲程多气缸自然进气发动机，依不同的排气量与工作需求，有直列四缸、V 形六气缸等形式。各种类型的发动机所采用的零件，以及在发动机外部的次系统零组件，都非常的相似。下面介绍发动机的各项零件和次系统的原理及功能。

二、发动机的基本构造——缸径、冲程、排气量与压缩比

发动机是由凸轮轴、气门、气缸盖、气缸体、活塞、连杆、曲轴、飞轮、油底壳等主要组件，以及进气、排气、点火、润滑、冷却等系统所组合而成。以下将分别介绍在汽车的“发动机规格表”中常见的缸径、冲程、排气量、压缩比等名词。

（1）缸径。气缸体上用来让活塞做运动的圆筒空间的直径。

（2）冲程。活塞在气缸体内运动时的起点与终点的距离。一般将活塞最靠近气门时的位置定为起点，此点称为“上止点”；将远离气门时的位置称为“下止点”。

（3）排气量。将气缸的面积乘以冲程，即可得到气缸排气量。将气缸排气量乘以气缸数量，即可得到发动机排气量。以丰田花冠 1.8L 车型的直列 4 气缸发动机为例进行说明。

缸径：79.0mm，冲程：91.5mm，气缸排气量：448.5mL；

发动机排气量=气缸排气量×气缸数量＝448.5mL×4＝1794mL。

（4）压缩比。最大气缸容积与最小气缸容积的比率。最小气缸容积即活塞在上止点位置时的气缸容积，也称为燃烧室容积。最大气缸容积即燃烧室容积加上气缸排气量，也就是活塞位于下止点位置时的气缸容积。

丰田花冠 1.8L 发动机的压缩比为 10∶1，其压缩比计算如下。

气缸排气量为 448.5mL，燃烧室容积为 49.84mL，

压缩比＝（49.84＋448.5）∶49.84＝9.998∶1≈10∶1。

【课后反思】

发动机拆装作业考核表

<table>
<tr><td colspan="2">姓名</td><td></td><td>班级</td><td></td><td>分数</td><td></td></tr>
<tr><td></td><td>考核项目</td><td>分值</td><td colspan="2">问题</td><td colspan="2">得分</td></tr>
<tr><td>1</td><td>准备工作</td><td>6</td><td colspan="2"></td><td colspan="2"></td></tr>
<tr><td>2</td><td>拆卸油底壳、油泵总成</td><td>3</td><td colspan="2"></td><td colspan="2"></td></tr>
<tr><td>3</td><td>拆卸气门罩盖及凸轮轴</td><td>5</td><td colspan="2"></td><td colspan="2"></td></tr>
<tr><td>4</td><td>拆卸气缸盖</td><td>6</td><td colspan="2"></td><td colspan="2"></td></tr>
<tr><td>5</td><td>拆卸活塞连杆组</td><td>10</td><td colspan="2"></td><td colspan="2"></td></tr>
<tr><td>6</td><td>拆卸曲轴飞轮组</td><td>10</td><td colspan="2"></td><td colspan="2"></td></tr>
<tr><td>7</td><td>安装曲轴飞轮组</td><td>10</td><td colspan="2"></td><td colspan="2"></td></tr>
<tr><td>8</td><td>安装活塞连杆组</td><td>10</td><td colspan="2"></td><td colspan="2"></td></tr>
<tr><td>9</td><td>安装气缸盖</td><td>6</td><td colspan="2"></td><td colspan="2"></td></tr>
<tr><td>10</td><td>安装凸轮轴及气门罩盖</td><td>5</td><td colspan="2"></td><td colspan="2"></td></tr>
<tr><td>11</td><td>安装油泵及油底壳</td><td>3</td><td colspan="2"></td><td colspan="2"></td></tr>
<tr><td>12</td><td>安装正时带及带轮等</td><td>6</td><td colspan="2"></td><td colspan="2"></td></tr>
<tr><td>13</td><td>正确使用工具</td><td>8</td><td colspan="2"></td><td colspan="2"></td></tr>
<tr><td>14</td><td>清洁整理及安全操作</td><td>12</td><td colspan="2"></td><td colspan="2"></td></tr>
<tr><td colspan="2">总分</td><td>100</td><td colspan="2"></td><td colspan="2"></td></tr>
<tr><td colspan="2">考核
感悟</td><td colspan="5"></td></tr>
</table>

发动机气缸垫的检修

【项目教学目标】

1. 掌握发动机气缸垫的作用、类型与结构。
2. 掌握气缸盖螺栓的拧紧方法。
3. 熟练拆卸气缸盖及更换气缸垫。
4. 培养学生脚踏实地的工作作风。

【项目所需器材】

8A 发动机或 AJR 发动机、维修手册、扭力扳手、世达工具等。

【项目教学内容】

一、清洁及准备

1. 清点准备工具。
2. 找好正时带，做好标记。
3. 拆下相关附件。

二、操作过程

1. 拆下气缸盖罩、气缸盖。
2. 拆下进排气凸轮轴。

8A 发动机拆凸轮轴的方法及注意事项是：

____

____

____。

3. 依次松开并拆下气缸盖螺栓、取下气缸盖。

在图 2-1 上画出气缸盖螺栓的拧松顺序。

○ ○ ○ ○ ○

○ ○ ○ ○ ○

图 2-1 气缸盖螺栓位置示意图

4．安装新的气缸垫。

气缸垫的方向判断：____

____。

5．安装气缸盖，并按规定安装气缸盖螺栓。

在图 2-2 中表示出气缸盖螺栓的扭紧顺序。

图 2-2　气缸盖螺栓安装示意图

扭紧力矩为：__________N•m，再转：__________。

【知识拓展】

一、塑性域螺栓的紧固方法

如图 2-3 所示，塑性域螺栓能提供更强的轴向张紧力和稳定性，它在某些发动机上用作气缸盖螺栓和轴承盖螺栓，螺栓头是 12 边形（外侧和内侧）。

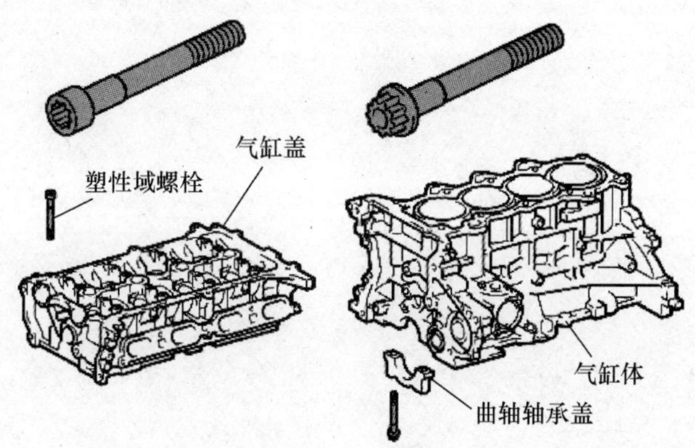

图 2-3　塑性域螺栓

拧紧塑性域螺栓的方法有以下几种。

（1）在螺丝上和螺栓头部的下面涂抹薄薄一层机油。

（2）安装并用力均匀地上紧螺栓。

（3）给每一只螺栓做油漆标记。

（4）紧固螺栓到规定的角度。

规定角度的示例如下。

- 90° +90°
- 90°
- 45° +45°

螺栓的位置不同，规定的角度也不同，可参考维修手册。

（5）检查油漆标记的位置。

二、判断塑性域螺栓可否被再使用

塑性域螺栓的形状被轴向力所改变。被拆卸掉的塑性域螺栓是否可再使用需做进一步的判断。如图 2-4 所示，通过测量下面的参数可以判断该零件是否可再使用。

（1）测量螺栓的张紧力位置直径。

（2）测量螺栓的长度。

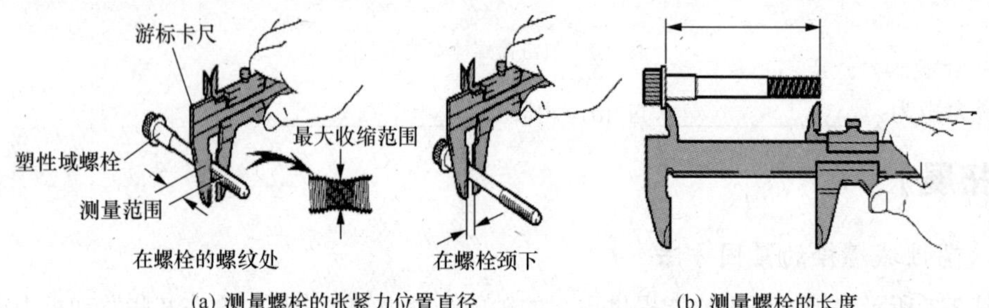

(a) 测量螺栓的张紧力位置直径　(b) 测量螺栓的长度

图 2-4　测量螺栓的相关参数

【课后反思】

发动机气缸垫的检修评分表

班级：__________　姓名：__________　开始时间：__________　结束时间：__________

<table>
<tr><th colspan="2">项目</th><th>配分</th><th>评分标准或要求</th><th>违规记录</th><th>得分</th></tr>
<tr><td rowspan="5">基本情况评定</td><td>工具的选用</td><td>9</td><td>工具选用不当，发现一次扣 3 分，扣完本分值为止</td><td></td><td></td></tr>
<tr><td>工具的使用</td><td>9</td><td>工具使用不当，发现一次扣 3 分，扣完本分值为止</td><td></td><td></td></tr>
<tr><td rowspan="2">零部件摆放及工具整理</td><td rowspan="2">8</td><td>零部件乱摆、乱放，除下述另有规定的外，发现一次扣 2 分，扣完 6 分为止</td><td></td><td></td></tr>
<tr><td>发动机安装完毕后，场地未清理干净扣 2 分，工具未整理或整理不当扣 1～2 分</td><td></td><td></td></tr>
<tr><td>三不落地</td><td>10</td><td>零部件、工具、油料、抹布等落地一次扣 2 分，扣完本分值为止；发现较严重情况的本项不得分</td><td></td><td></td></tr>
<tr><td rowspan="13">拆卸安装过程评定</td><td>外围附件拆卸</td><td>5</td><td>应该拆下的附件未拆下，发现一次扣 2 分，扣完本分值为止</td><td></td><td></td></tr>
<tr><td rowspan="4">气缸盖罩和气缸盖拆卸</td><td rowspan="4">20</td><td>按正确顺序拆卸气缸盖罩；否则扣 1～5 分</td><td></td><td></td></tr>
<tr><td>按对角线顺序分批分次松开气缸盖安装螺栓，否则扣 1～5 分</td><td></td><td></td></tr>
<tr><td>拆下后的部件轻拿、轻放，摆放整齐，否则扣 1～5 分</td><td></td><td></td></tr>
<tr><td>应该拆下的部件未拆下，发现一次扣 2 分，扣完 5 分为止</td><td></td><td></td></tr>
<tr><td rowspan="5">气缸盖罩和气缸盖安装</td><td rowspan="5">20</td><td>能按对角线顺序分批分次拧紧气缸盖安装螺栓，否则扣 5 分</td><td></td><td></td></tr>
<tr><td>能按正确顺序安装气缸盖罩，否则扣 5 分</td><td></td><td></td></tr>
<tr><td>配气正时记号未对准，扣 10 分</td><td></td><td></td></tr>
<tr><td>螺栓未按规定扭矩拧紧或未拧紧，发现一次或一个扣 2 分</td><td></td><td></td></tr>
<tr><td>零部件漏装、错装，发现一次或一个扣 2 分</td><td></td><td></td></tr>
<tr><td rowspan="3">外围附件安装</td><td rowspan="3">5</td><td>不能正确安装皮带，发现一次扣 2 分</td><td></td><td></td></tr>
<tr><td>螺栓未按规定扭矩拧紧或未拧紧，发现一次或一个扣 2 分</td><td></td><td></td></tr>
<tr><td>零部件漏装、错装，发现一次或一个扣 2 分</td><td></td><td></td></tr>
<tr><td colspan="2">安全文明生产</td><td>5</td><td>着装整齐、动作规范、精神饱满、有礼貌，否则扣 1～5 分</td><td></td><td></td></tr>
<tr><td colspan="2">总用时（60 分钟）</td><td>9</td><td>每超过总用时一分钟扣 3 分，扣完为止</td><td></td><td></td></tr>
<tr><td colspan="2">总配分</td><td>100</td><td></td><td>总得分</td><td></td></tr>
<tr><td>考核感悟</td><td colspan="5"></td></tr>
</table>

气缸盖的检修

【项目教学目标】

1．熟悉机体组的结构、作用。

2．掌握气缸盖的检修方法。

3．培养学生严谨、细致的工作作风。

【项目所需器材】

8A 发动机、钢直尺或刀形尺、游标卡尺、塞尺、量杯、刮刀、染色剂、足量 80%煤油和 20%机油混合液、水压机、力矩扳手、中间带有通孔的玻璃板、通用工具。

【项目教学内容】

一、准备工作

1．检查、整理工具。

2．准备煤油和机油混合液。

二、操作工艺

1．气缸盖变形的检修

（1）将所测气缸盖倒放在检测平台上。

（2）如图 3-1 所示，将钢直尺或刀形尺沿两条对角线和纵轴线贴靠在缸盖下平面上。

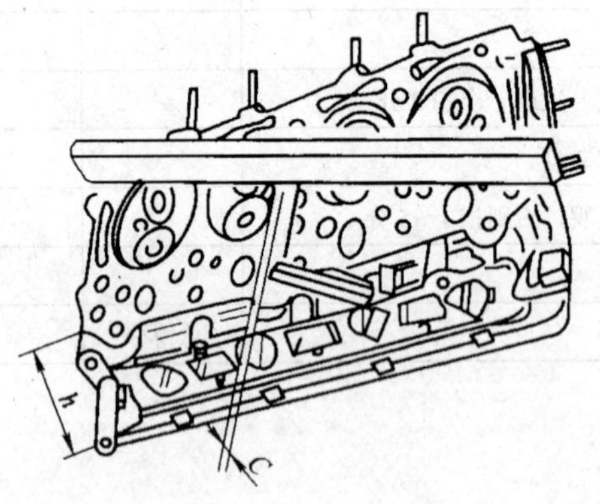

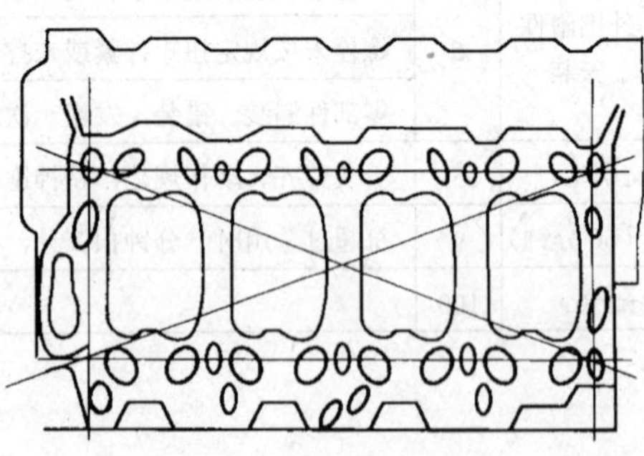

图 3-1　气缸盖下平面检查

（3）如图 3-2 所示，在钢直尺或刀形尺与缸盖下平面间的缝隙处插入塞尺，所测数值即缸盖的变形量。

测量值为________________________mm。

查手册：标准值为________________________mm。

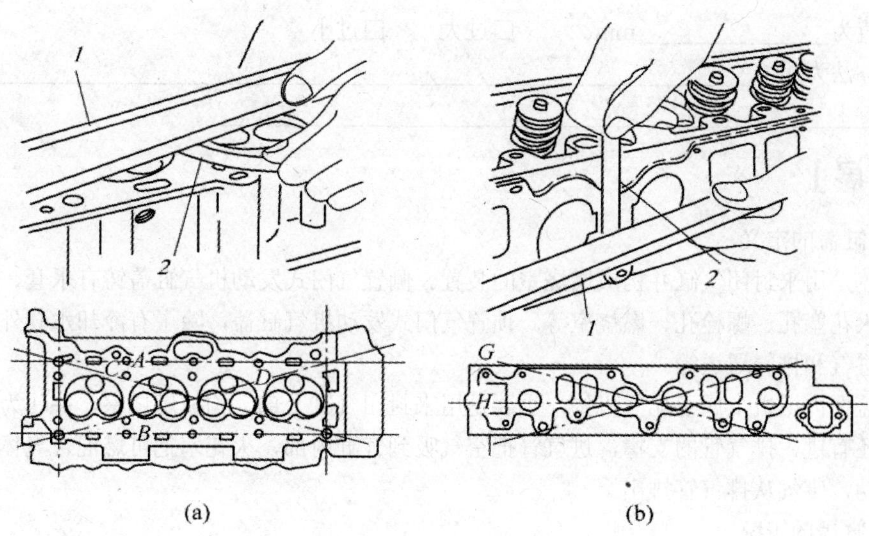

图 3-2 气缸变形量测量
1—钢直尺 2—塞尺

（4）气缸盖下平面的平面度误差，在整个平面上误差不大于 0.05mm。局部不平可用刮研法修复。

2．气缸盖裂纹的检修

气缸盖裂纹的检查是采取水压试验或气压试验的方法，具体如下。

（1）将气缸盖、气缸体和气缸垫按要求装合在一起。

（2）将水压机水管接在气缸体进水口处，并将其他水口封住。

（3）用水压机将水压入水套，压力在________MPa 时，保持时间为________min。若气缸盖表面、燃烧室等部位无水珠出现，表明无裂纹。

（4）在受力和受热不大的部位若出现裂纹，采用____________法修复。受力较大的部位出现裂纹时，应采用____________法修复。

注意

气缸盖上裂纹的检查也可以采用____________，检查包括进、排气管与各个接触安装平面等是否有裂纹。

3．燃烧室容积的检测

（1）装上气缸盖上的全部火花塞，并将待测气缸盖倒放在检测平台上，使其保持________。

（2）用量杯向燃烧室注入____________和____________的混合液。

（3）加至约为燃烧室容积的________%时，停止加注。用中间带有圆孔的玻璃板盖在燃烧室平面上。

（4）用注射器或滴管注入混合油，直至液面与玻璃板相接触。

（5）总注入量即为燃烧室容积。若活塞顶部有凹坑，还应测量凹坑的容积。

燃烧室容积为____________L。

4．气缸盖厚度的检修

（1）将待测气缸盖平放在检测平台上。

（2）用高度游标卡尺测量缸盖的厚度。

测量值为______________mm。 □过大 □过小

处理办法为____

____。

【知识拓展】

1．气缸盖的定义

气缸盖是用来封闭气缸并构成燃烧室的装置。侧置气门式发动机气缸盖铸有水套、进水孔、出水孔、火花塞孔、螺栓孔、燃烧室等。顶置气门式发动机气缸盖，除了有冷却水套外，还有气门装置、进气和排气通道等。

气缸盖在内燃机上属于配气机构，主要是用来封闭气缸上部，构成燃烧室，并作为凸轮轴和摇臂轴，还有进、排气管的支撑，进气管把空气吸到气缸内部，火花塞把可燃混合气体点燃，带动活塞做功，废气从排气管排出。

2．气缸盖的工况

工作中，气缸盖的底面就是燃烧室的顶壁，承受高温高压燃气所施加的机械负荷和热负荷，同时受到紧固连接螺栓的安装预紧力以及冷却水和高温燃气的腐蚀。

（1）热应力。气缸盖触火底面的工作温度随着发动机的负荷增大和冷却条件变差而升高。工作温度在喷油器孔与气阀座孔之间的鼻梁区最高。缸盖底的触火面与触水面之间，以及缸盖中央与四周之间都存在着很大温差。据测量某柴油机在运行时排气阀座孔处温度达 430℃，最大温差超过 200℃。又由于各部分厚度不均、形状复杂加上螺栓紧固的束缚，使热胀冷缩受牵制严重而造成很大的热应力。热应力往往是缸盖裂纹的主要原因。

（2）气体压力。燃气对缸盖向上的总作用力的中心在气缸盖中央。缸盖螺栓从四周压紧缸盖，故使缸盖中央上拱弯曲。对缸盖底面板壁来说，上拱变形使触火面受压、而触水面受拉，其作用效应与热应力一样。

（3）安装应力。缸盖螺栓施于气缸盖的预紧力为缸盖底面气体最高爆发力的数倍，以确保紧固密封可靠。在预紧力及支承力作用下缸盖也有中央上拱弯曲的趋势，也使缸盖底壁触火侧受压应力，而冷却水侧受拉应力。预紧应力与预紧力大小成正比，为静应力，在安装不正确时将会出现很大差值。

（4）腐蚀。冷却气缸盖等的冷却水通常是含有硫酸根离子和氯离子等酸根离子的电解质溶液，而缸盖冷却面由于各种原因存在电位差。在电解质溶液中，电位较低的阳极将被腐蚀，例如，铸铁材料中，铁比碳化铁的电位低；受拉伸应力和拉伸变形部位的电位也较压应力变形部位的电位低；冷却水中含氧量少的部位的电位也低；这样这些部位的金属会受电化学腐蚀，在静应力下，腐蚀使材料失落处呈现麻点，安装防蚀锌块能有效地减轻电化学腐蚀。而在脉动机械应力下，麻点即成为应力集中处，成为疲劳裂纹源。在脉动应力和电化学腐蚀共同作用时，该处的晶格滑移带受腐蚀，引起金属材料的抗疲劳强度显著下降，这种现象称为腐蚀疲劳。高温燃气对气缸盖底面也有较强的化学腐蚀作用。

由以上分析可见，气缸盖的工作条件是十分恶劣的。

3．气缸盖的常见故障

一般有气门间隙过大或过小，导致气门异响；还有就是缸盖上凸轮轴位置传感器失效，不过这种情况很少，一般都是气门故障。还有比较大的故障就是油水混合了，发生这种情况一般都是

缸盖与气缸的结合面有贯通性的划伤,或者气缸垫密封不严，这种情况就需要大拆发动机了。

4．如何避免产生气缸裂纹

（1）装配时应检查各冷却水孔是否畅通，定期用碱性溶液清洗冷却系，及时清除水垢油污。

（2）发动机正在工作而水箱偶尔缺水时，不得立即熄火，应该保持发动机低速运转并慢慢加水。不得在发动机走热后加冷水，停车后应等水温至40℃以下后再放水。寒冬季节启动不能立即加开水，而应先加热水再加开水。

（3）水箱内应加软水，并尽可能少换水。

（4）柴油机应避免长期在超负荷下工作。

（5）气缸盖螺栓要均匀上紧，并正确调整供油时间。

【课后反思】

气缸盖的检修作业考核表

班级：__________ 姓名：__________ 开始时间：__________ 结束时间：__________

<table>
<tr><th colspan="2">项目</th><th>配分</th><th>评分标准或要求</th><th>违规记录</th><th>得分</th></tr>
<tr><td rowspan="5">基本情况评定</td><td>工具的选用</td><td>6</td><td>工具选用不当，发现一次扣 3 分，扣完本分值为止</td><td></td><td></td></tr>
<tr><td>工具的使用</td><td>6</td><td>工具使用不当，发现一次扣 3 分，扣完本分值为止</td><td></td><td></td></tr>
<tr><td rowspan="2">零部件摆放及工具整理</td><td rowspan="2">6</td><td>零部件乱摆、乱放，除下述另有规定的外，发现一次扣 2 分，扣完 6 分为止</td><td></td><td></td></tr>
<tr><td>发动机安装完毕后，场地未清理干净扣 2 分，工具未整理或整理不当扣 1～2 分</td><td></td><td></td></tr>
<tr><td>三不落地</td><td>6</td><td>零部件、工具、油料、抹布等落地一次扣 2 分，扣完本分值为止；发现较严重情况的本项不得分</td><td></td><td></td></tr>
<tr><td rowspan="11">检修过程评定</td><td rowspan="2">气缸盖变形的检修</td><td rowspan="2">20</td><td>检测工艺及操作出现问题扣 2～14 分</td><td></td><td></td></tr>
<tr><td>结果及处理方式错误扣 6 分</td><td></td><td></td></tr>
<tr><td rowspan="4">气缸盖裂纹的检修</td><td rowspan="4">15</td><td>正确装合气缸盖、气缸体、气缸垫得 5 分</td><td></td><td></td></tr>
<tr><td>水压机连接及压力调整正确，否则扣 4 分</td><td></td><td></td></tr>
<tr><td>判断正确得 3 分</td><td></td><td></td></tr>
<tr><td>回答修复方法正确得 3 分</td><td></td><td></td></tr>
<tr><td rowspan="3">气缸盖燃烧室容积的检测</td><td rowspan="3">15</td><td>正确安装火花塞、且保持水平，否则扣 3 分</td><td></td><td></td></tr>
<tr><td>能按正确方法加注混合液，否则扣 1～6 分</td><td></td><td></td></tr>
<tr><td>正确读出容积数值得 6 分</td><td></td><td></td></tr>
<tr><td rowspan="2">气缸盖厚度的检修</td><td rowspan="2">10</td><td>正确测量出数值得 6 分，否则扣 1～6 分</td><td></td><td></td></tr>
<tr><td>正确叙述修理工艺得 4 分，否则扣 1～4 分</td><td></td><td></td></tr>
<tr><td colspan="2">安全文明生产</td><td>8</td><td>着装整齐、动作规范、精神饱满、有礼貌，否则扣 1～8 分</td><td></td><td></td></tr>
<tr><td colspan="2">总用时（分钟）</td><td>8</td><td>每超过一分钟扣 4 分，扣完为止</td><td></td><td></td></tr>
<tr><td colspan="2">总配分</td><td>100</td><td></td><td>总得分</td><td></td></tr>
<tr><td>考核感悟</td><td colspan="5"></td></tr>
</table>

项目四 4 气缸体的检修——气缸测量

【项目教学目标】

1．掌握游标卡尺、内径千分尺、百分表、量缸表等测量工具的使用与读数方法。

2．学会计算圆度误差和圆柱度误差。

3．能够正确判断气缸是否需要修理。

【项目所需器材】

8A 发动机气缸体、游标卡尺（0-150mm）、内径千分尺（75-100mm）、百分表、量缸表。

【项目教学内容】

一、清洁准备

1．清点准备工具。

2．检查气缸的外观划痕。

3．清洁气缸。

二、气缸测量

1．根据气缸直径大小选择合适的接杆，旋入量缸表下端。

8A 发动机测量需要选择的量杆的长度为____________mm；若为垫片式量杆表，选择____________mm 垫片。

2．用标准校验杆校验千分尺，记录误差，调出标准缸径尺寸。

百分表误差：____________mm。

3．根据被测气缸的标准尺寸用外径千分尺校对量缸表，并留出测杆伸长的适当数值（即预压 1mm 左右），旋转表盘，使“0”位对正指针，记住小针指示毫米数，把接杆螺母固定并复校。

4．如图 4-1 所示，测量时手应握住绝热套，把量缸表斜向放入气缸（导向端先进入气缸）被测处，轻微摆动量缸表，使指针左右摆动相等（气缸中心线与测杆垂直）。如果指针正好对中“0”处，则与被测缸径相等，当指针顺时针方向离开“0”位，则缸径小于标准尺寸；如逆时针方向离开“0”位，则缸径大于标准缸径。

5．正确选取气缸轴向上的 3 个横截面：即 S1-S1（活塞上止点时，第一道环所对应的缸壁附近），S2-S2（气缸中部），S3-S3（距气缸下边缘 10mm 左右的位置）。

6．在同一横截面进行测量，测出其横向和纵向直径。

7．将 3 个横截面上的横向和纵向直径数据填写到“气缸测量作业表”中。

8．根据测量得到的数据正确计算出被测气缸和气缸体的圆度误差和圆柱度误差。

何谓圆度误差？________________________。

何谓圆柱度误差？________________________。

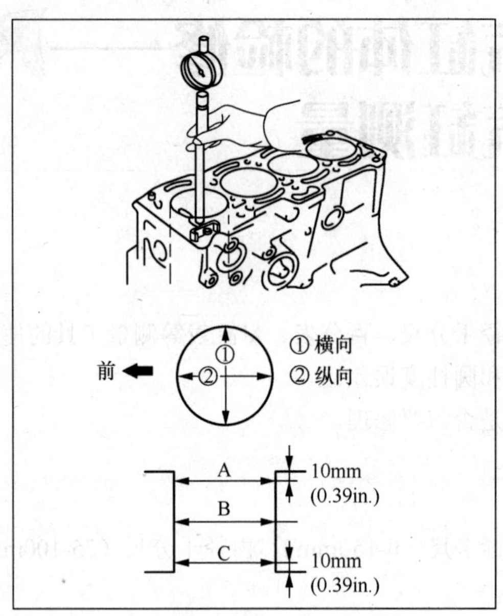

图 4-1　气缸测量

9．根据相关标准确定气缸修理等级。

三、清洁整理

1．操作结束后，做好工量具清洁、清点工作。

2．清洁场地。

四、测量作业表

气缸测量作业表

测量前准备					
千分尺校正前读数			量缸表测量杆长度		
气缸号	位置号	纵向	横向	圆度	圆柱度
1	位置 1（上部）				
	位置 2（中部）				
	位置 3（下部）				
2	位置 1（上部）				
	位置 2（中部）				
	位置 3（下部）				
3	位置 1（上部）				
	位置 2（中部）				
	位置 3（下部）				
4	位置 1（上部）				
	位置 2（中部）				
	位置 3（下部）				
修理方案					

【知识拓展】

一、气缸测量项目操作要点

1．量缸表组装前要推动检查百分表测量触头，看百分表指针偏摆情况，有偏摆说明正常。

2．装入百分表时，要使百分表表盘垂直于量缸表接杆轴线，盘面朝向量杆测量头。

3．百分表装入后要推动量缸表测量头，看百分表指针偏摆情况，有偏摆说明正常。

4．选合适的测量接杆和垫片并进行擦拭、安装。

5．将千分尺固定在台虎钳上（千分尺要用铜皮保护），将标准量杆放入校表，读出千分尺的读数（明白误差值是多少）。

6．在千分尺上调出标准缸径值（一定要将误差计算在内）。

7．将量缸表对入千分尺，调表盘零刻度与大针对齐，擦拭千分尺，放回盒内。

8．进行缸径测量，测量前，要擦拭气缸。注意上、中、下 3 个断面的位置（上、下两个端面距离气缸上、下两平面分别为 10mm 左右），记录横向、纵向的气缸直径（横向为垂直于曲轴轴线，纵向为平行于曲轴轴线）。

9．计算圆度误差与圆柱度误差。圆度误差：同一断面上两直径差值的一半。圆柱度误差：6 次测量值中最大和最小值的差值的一半。

10．判断气缸是否需要镗缸。根据课本上的理论要求进行（圆度误差、圆柱度误差、磨损量）。

11．拆卸擦拭百分表。

12．拆卸擦拭量缸表接杆、垫片。

13．清理工作区域。

二、8A 发动机技术标准

标准缸径见表 4-1。

表 4-1 标准缸径

标记	mm（in）
1	78.700～78.710（3.0984～3.0998）
2	78.710～78.720（3.0988～3.0992）
3	78.720～78.730（3.0992～3.0996）

最大缸径见表 4-2。

表 4-2 最大缸径

标准	78.93mm（3.1075in）
加大尺寸 0.50	79.43mm（3.1272in）

如果缸径未超过最大值，可重新镗削所有 4 个气缸。

如果超过最大值，更换气缸体。

【课后反思】

气缸测量作业考核表

班级：＿＿＿＿＿＿ 姓名：＿＿＿＿＿＿ 开始时间：＿＿＿＿＿＿ 结束时间：＿＿＿＿＿＿

序号	项目	配分	内　容	扣分	得分
1	前期准备（14分）	2	清洁气缸		
		2	清洁千分尺、校准杆		
		3	用抹布包住千分尺下端，并用专用夹具或台虎钳固定		
		4	千分尺校零（注意正确使用千分尺-棘轮机构），只记录		
		3	按基本尺寸确定千分尺的尺寸，并锁止		
2	组装量缸表（18分）	2	清洁百分表		
		2	检查百分表盘及指针的转动情况		
		2	清洁垫片、测杆及杆身		
		3	根据缸径选择合适的测杆，测杆 70～80mm		
		3	选择合适的垫片 5mm、3mm 和 1mm		
		3	组装量缸表，组装表头时预压 0.5～1mm		
		3	检查量缸表的整体运动情况（是否卡滞及运动量）		
3	气缸测量（28分）	4	正确进行量缸表的校零		
		2	测量时，应先将量缸表的导向端放入气缸		
		4	正确选择距气缸筒上平面 10mm 的位置		
		4	正确测量气缸筒中部		
		4	正确选择距气缸筒下平面 10mm 的位置		
		4	正确选择 3 个位置的测量方向		
		6	正确记录作业表		
4	分解量缸表（12分）	3	拆卸百分表，并清洁百分表（表盘和测量头）		
		3	拆卸测杆，并清洁测杆和垫片		
		2	清洁表杆		
		2	将量缸表所有部件整齐地放入表盒		
		2	清洁千分尺并放入表盒		
5	计算（18分）	12	正确计算圆度误差、圆柱度误差、最大磨损尺寸，并判断结果		
		6	填写作业表		
6	安全文明作业（10分）	5	作业过程量具和其他物品落地		
		5	作业完毕未整理、清洁现场		
时间					
得分					

气缸测量作业记录表

<table>
<tr><td>姓名</td><td></td><td>班级</td><td></td><td>分数</td><td></td></tr>
<tr><td colspan="6">测量前准备</td></tr>
<tr><td colspan="2">千分尺校正前读数</td><td></td><td>量缸表测量杆长度</td><td colspan="2"></td></tr>
</table>

<table>
<tr><td>气缸号</td><td>位置号</td><td>纵向</td><td>横向</td><td>圆度</td><td>圆柱度</td></tr>
<tr><td rowspan="3">1</td><td>位置 1（上部）</td><td></td><td></td><td></td><td rowspan="3"></td></tr>
<tr><td>位置 2（中部）</td><td></td><td></td><td></td></tr>
<tr><td>位置 3（下部）</td><td></td><td></td><td></td></tr>
<tr><td rowspan="3">2</td><td>位置 1（上部）</td><td></td><td></td><td></td><td rowspan="3"></td></tr>
<tr><td>位置 2（中部）</td><td></td><td></td><td></td></tr>
<tr><td>位置 3（下部）</td><td></td><td></td><td></td></tr>
<tr><td rowspan="3">3</td><td>位置 1（上部）</td><td></td><td></td><td></td><td rowspan="3"></td></tr>
<tr><td>位置 2（中部）</td><td></td><td></td><td></td></tr>
<tr><td>位置 3（下部）</td><td></td><td></td><td></td></tr>
<tr><td rowspan="3">4</td><td>位置 1（上部）</td><td></td><td></td><td></td><td rowspan="3"></td></tr>
<tr><td>位置 2（中部）</td><td></td><td></td><td></td></tr>
<tr><td>位置 3（下部）</td><td></td><td></td><td></td></tr>
<tr><td>修理
方案</td><td colspan="5"></td></tr>
</table>

项目五 气缸体的检修——气缸体平面度检查

【项目教学目标】

1．熟悉气缸体的基本结构。

2．了解气缸体的变形原因。

3．掌握气缸体平面度的测量方法。

【项目所需器材】

8A 发动机、120 件世达工具、塞尺、刀口尺、垫片铲刀、毛刷、清洗汽油若干。

【项目教学内容】

一、准备工作

1．检查整理工具。

2．检查气缸状态。

3．检查各缸装配标记。

二、拆装操作

1．使用垫片铲刀，从气缸体结合表面清除所有垫片材料，如图 5-1 所示。

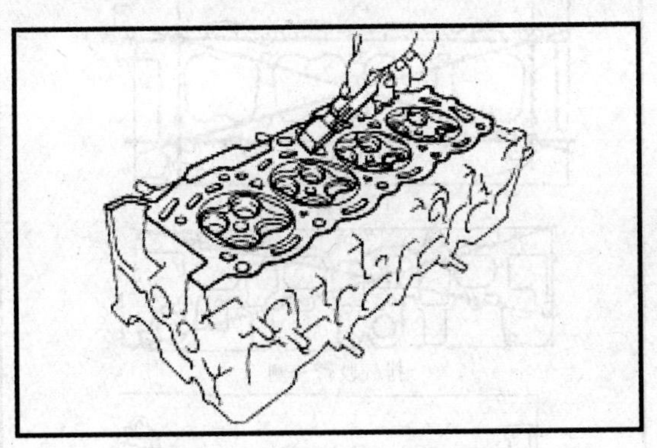

图 5-1　清除气缸体表面垫片材料

注意 小心不要刮伤汽缸体接触表面。

2．清除燃烧室内的积炭。

思考：清除燃烧室内积炭的方法是__________________________________。

3．使用软毛刷和汽油彻底清洁气缸盖，如图 5-2 所示。

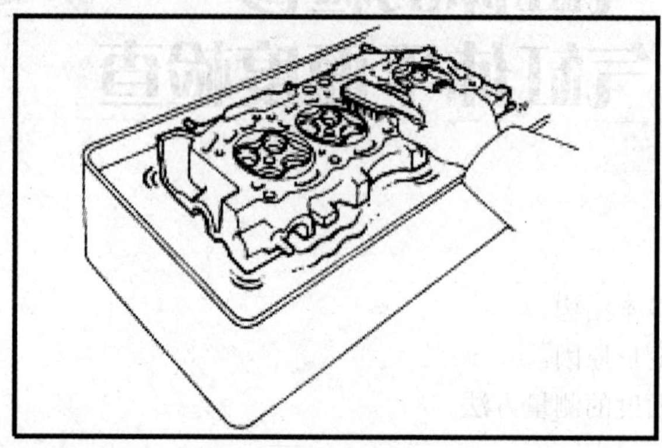

图 5-2　用软毛刷清洁气缸盖

4．检查气缸盖平面度

使用刀口尺和塞尺，测量气缸盖和歧管接触面翘曲变形，如图 5-3 所示。

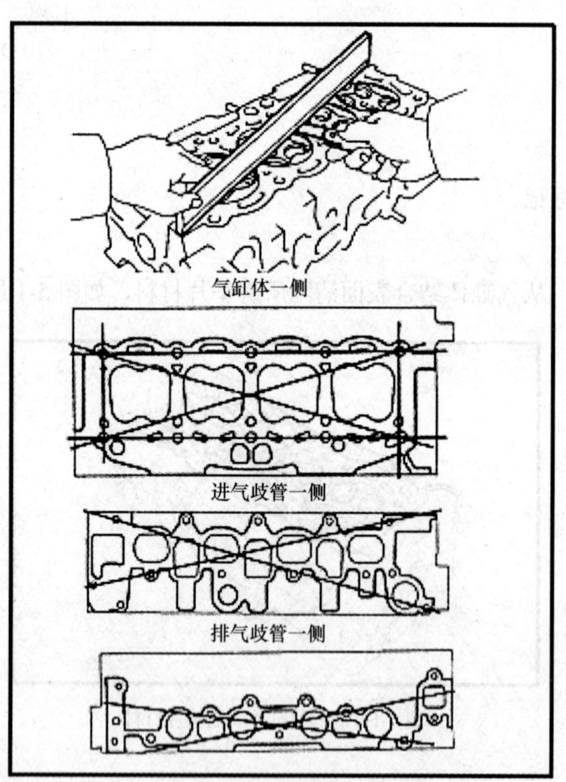

图 5-3　检查气缸盖平面度

最大翘曲变形：气缸体表面：0.05mm（0.0020in）；歧管接触面：0.10mm（0.0039in）。

如果翘曲变形超过最大值，更换气缸盖。

思考：为何还要检查歧管接触面平面度？____

____。

5．清洁气缸体分总成

使用垫片铲刀，从气缸体的接触表面清除所有垫片，如图 5-4 所示。

使用软毛刷和汽油，彻底清洁气缸体。

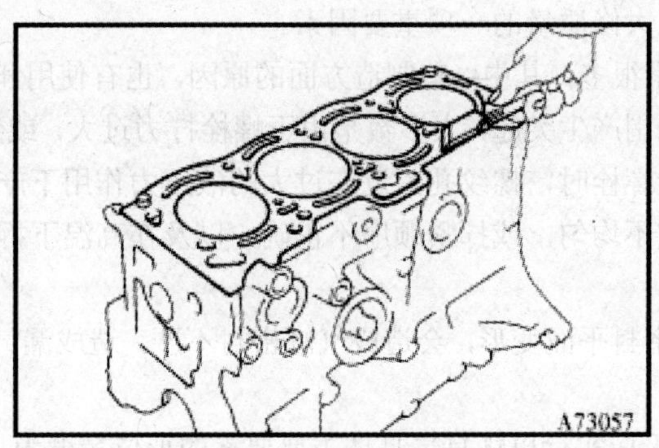

图 5-4 清洁垫片

6．检查气缸体平面度

使用刀口尺和塞尺，测量气缸体和气缸盖接触面翘曲变形如图 5-5 所示。

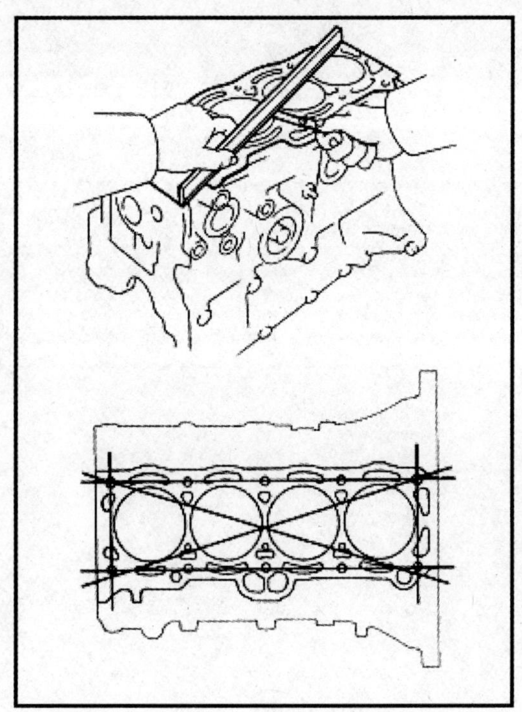

图 5-5 检查气缸体平面度

最大翘曲变形：0.05mm（0.0020in）。

如果翘曲变形超过最大值，更换气缸体。

【知识拓展】

1．气缸体在使用了一个大修间隔里程后，常因变形而使部分主要要素的形位误差超过使用极限。

2．气缸体的变形往往会造成异常磨损。如果气缸轴线垂直度误差达到 0.1mm，气缸磨损会增大 40%左右，并严重影响气缸的密封性，增大机油消耗量。气缸体变形后，在修理中又未进行整形修理，是影响发动机大修质量的一项重要因素。

3．气缸体变形的因素很多，其中，有制造方面的原因，也有使用和维修不当方面的原因。气缸体上下平面在螺纹孔周围产生突起，大多数是由于螺栓拧力过大，或装配时螺纹孔中的油、水、污物等清理不净，当拧紧螺栓时，螺纹孔附近在过大的液压力作用下产生突起。另外，在拧紧气缸盖螺栓时，扭力过大或不均匀，或拧紧顺序不正确，以及在高温下拆卸，都会引起气缸体和气缸盖的变形。

4．气缸体和气缸盖密封平面变形，会造成气缸密封不严，造成漏气、漏水，甚至燃气冲坏气缸垫等损害。

5．对于气缸体的变形应实行以恢复气缸体主要要素的形位精度为目的的整形修理。

6．气缸体上平面的翘曲变形，应以主轴承孔中心线为基准，用磨削加工的方法进行修理。磨削总量不宜过大（0.24～0.50mm），否则，将影响压缩比的变化。

【课后反思】

气缸体平面度检查作业考核表

姓名		班级		分数	
测量前准备					
气缸盖、体变形目测情况					
1	气缸盖与气缸体接触平面平面度				
2	进气歧管结合平面平面度				
3	排气歧管结合平面平面度				
结果分析					
4	气缸体与缸盖结合平面平面度				
结果分析					
考核感悟					

项目六 6 活塞连杆组的检修

【项目教学目标】

1．熟悉曲柄连杆机构的装配关系和运动情况。

2．掌握活塞连杆组的拆装要领。

【项目所需器材】

8A 发动机、120 件世达工具、扭力扳手、转角盘、活塞收缩器、机油壶、橡皮锤、塑料套管。

【项目教学内容】

一、准备工作

1．整理工具。

2．检查气缸状态。

3．检查各缸装配标记。

二、拆装操作

1．将所要拆的活塞转到下止点，翻转发动机，使油底朝上。

2．分两次旋松连杆螺母，如图 6-1 所示，用橡皮锤轻轻敲击松动连杆盖，取下螺母和连杆盖。

思考：为什么要分两次拧松？____

____。

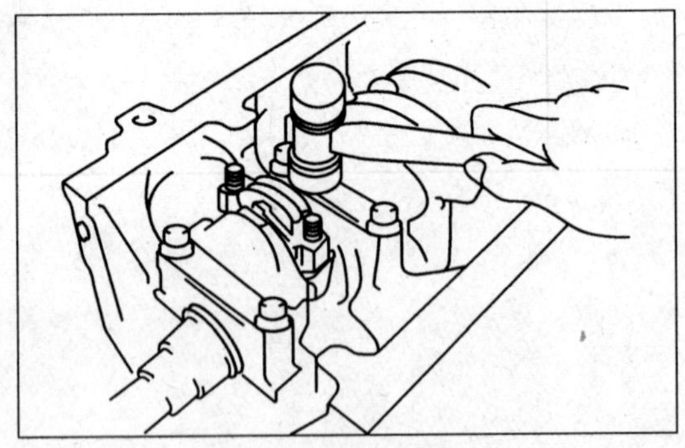

图 6-1 用橡皮锤轻轻敲击

3．在连杆螺栓上套上护套，将活塞推出气缸，注意用手接应，防止活塞掉落，如图 6-2 所示。

思考：在连杆螺栓套护套的目的是什么？________________________________

____

____。

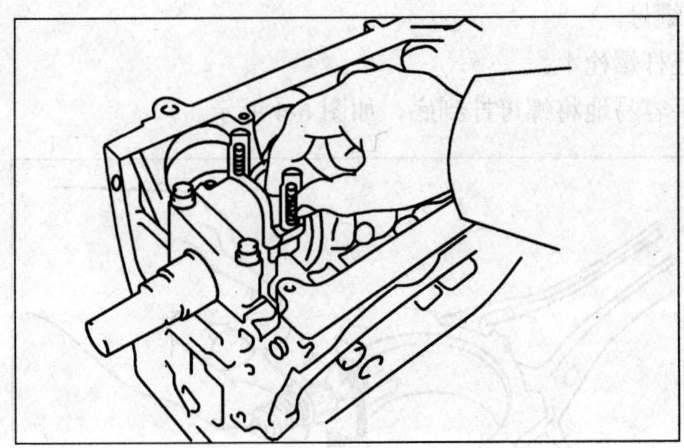
图 6-2 在连杆螺栓上套上护套

4．拆分轴瓦、活塞环，按顺序摆放整齐并检查。

（1）使用活塞环扩张器，拆下 1、2 道气环，如图 6-3 所示。

（2）用手拆下第 3 道油环。

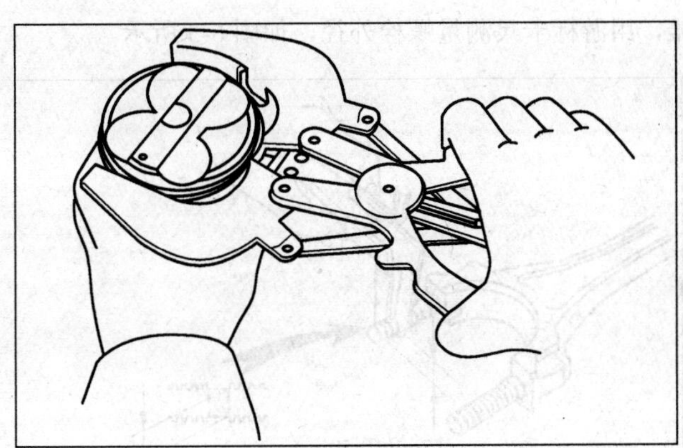
图 6-3 拆 1、2 道气环

要沿轴瓦径向推出轴瓦，同时注意活塞环钳的使用方向。

5．用汽油清洗各部件。

不允许用抹布擦拭各部件，应该用压缩空气吹干清洗汽油。

思考：为什么不能用抹布擦拭各部件？____。

6．检查连杆螺栓螺母。

（1）把螺母装到连杆螺栓上。

（2）检查：能用手容易地将螺母拧到底，如图 6-4 所示。

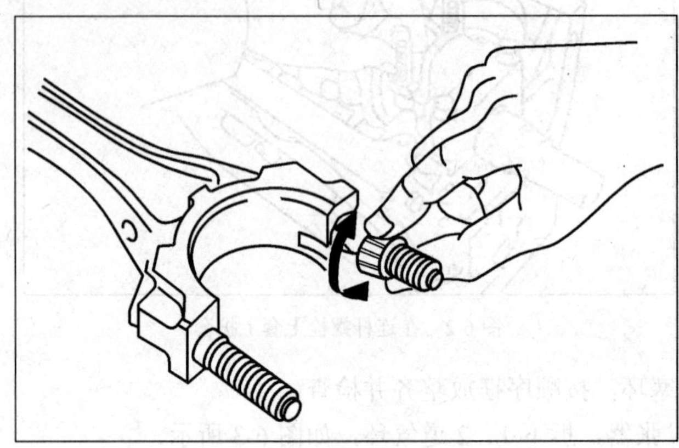

图 6-4　用手将螺母拧到底

如果螺母转动困难，用游标卡尺测量螺栓外径，如图 6-5 所示。

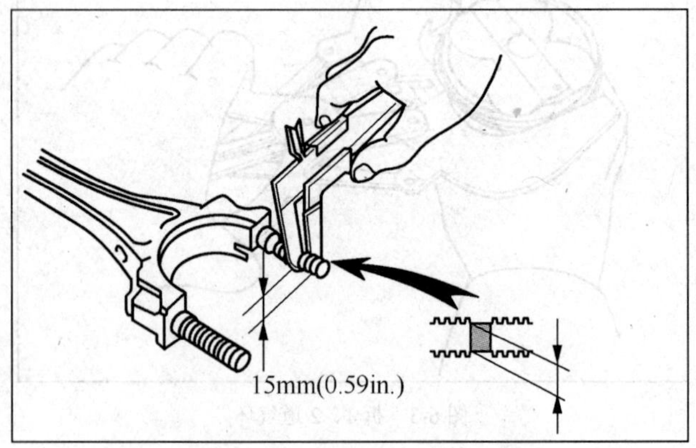

图 6-5　用游标卡尺测量螺栓外径

测量值为_________________mm。

标准外径：0.860～9.000 mm（0.3488～0.3543 in）。

最大外径：8.60 mm（0.3386 in）。

7．安装复活塞环，注意活塞环开口位置和活塞环的向上标记。

思考：活塞环开口方向是如何要求的？________________________________

____。

扭曲环安装方向有何要求？______________________________________

____。

8．注意在缸壁、活塞环槽、轴瓦、连杆轴颈、活塞销和活塞环收缩器等部位涂油。

9．装入活塞时，翻转发动机，使气缸朝上，注意在连杆螺栓上加装护套。

10．将活塞环收缩器收紧，压平。推入活塞，取下护套，如图 6-6 所示。

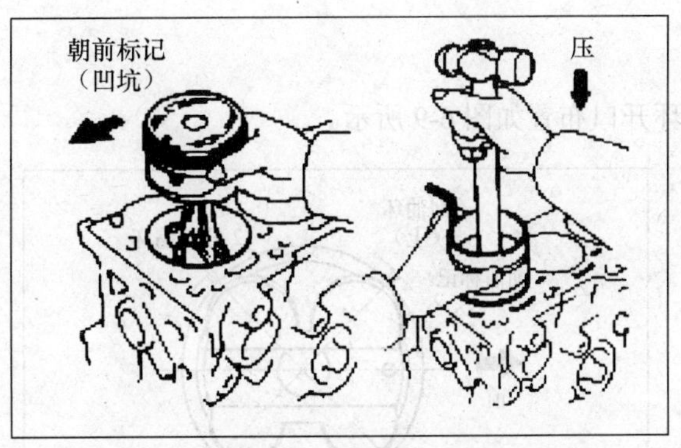

图 6-6 用活塞环收缩器装复活塞

11．翻转发动机，使油底壳朝上，装入连杆盖，如图 6-7 所示。

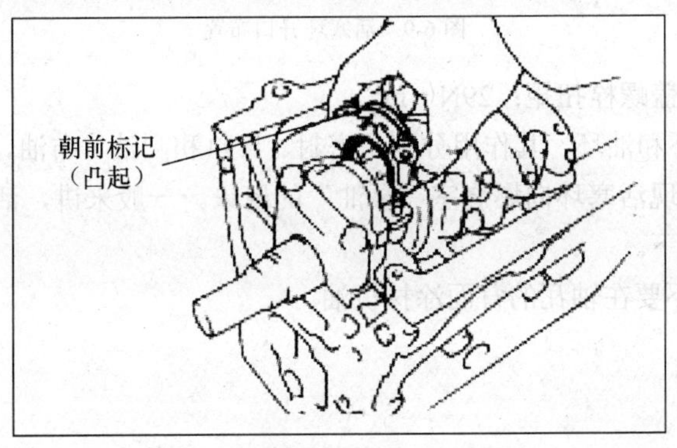

图 6-7 装入连杆盖

12．分多次拧紧螺母，扭力达到标准值（29N·m），做标记后，将螺母再转 90° 后，要检查曲轴转动是否灵活，如图 6-8 所示。

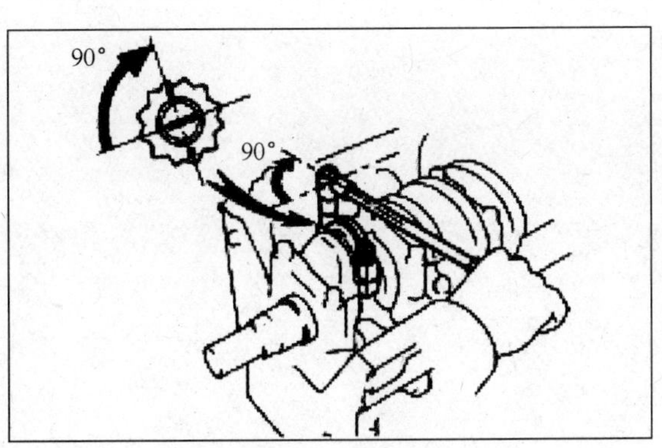

图 6-8 将扭力扳手再转 90°

思考：为何要转动？造成卡滞的原因是什么？____。

13．检查确认安装情况。

14．清洁清点工具，整理场地。

【知识拓展】

1．8A 发动机活塞环开口布置如图 6-9 所示。

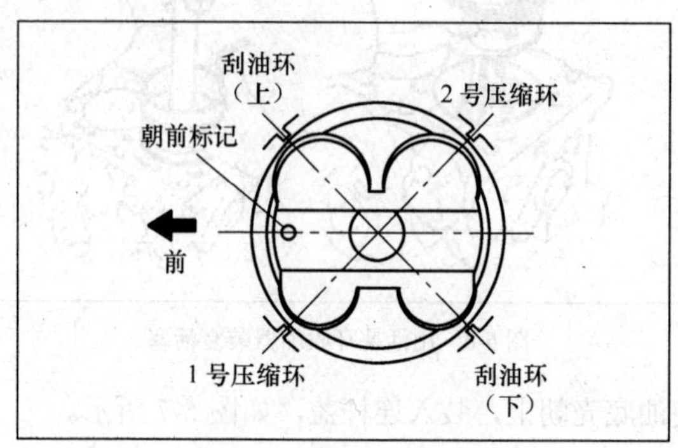

图 6-9　活塞环开口布置

2．8A 发动机连杆盖螺栓扭矩：29N · m。

3．活塞环分为气环和油环，其作用分别是密封、导热和刮油、布油。扭曲环尤其要注意安装方向正确，否则，会出现活塞环向燃烧室“泵油”的现象。一般来讲，活塞环内圆切槽的槽口朝上，外圆切槽的槽口朝下。

4．安装轴瓦时，不要在轴瓦的背面涂抹机油。

【课后反思】

活塞连杆组拆装作业考核表

姓名		班级		时间	
	考核项目	分值	问题		得分
1	是否检查缸肩、缸台	3			
2	是否检查原装配标记	3			
3	是否调整下止点	3			
4	是否翻转发动机	3			
5	旋松连杆螺栓	6			
6	活塞取出	5			
7	活塞环拆卸	5			
8	轴瓦拆卸	4			
9	零件检查	8			
10	活塞环安装	20			
11	活塞总成装复	15			
12	连杆盖装配	5			
13	连杆盖螺栓拧紧	10			
14	清洁整理	10			
总分		100			
考核感悟					

项目七 7 发动机连杆（曲轴）轴承间隙的检查

【项目教学目标】

1．能够熟练地进行连杆（曲轴）轴承径向间隙的检查与调整。

2．能够熟练地进行连杆（曲轴）轴承轴向间隙的检查与调整。

3．培养学生严谨细致的工作作风。

【项目所需器材】

8A 发动机或 AJR 发动机、常用工具、量具、撬棒、塞尺、塑料间隙条、测量间隙规、百分表及表座等。

【项目教学内容】

一、清洁及准备

1．清点准备工具。

2．拆下油底壳。

二、操作过程

1．连杆轴承径向间隙的检查

（1）拆下某一连杆轴颈轴承盖，将轴承与轴颈擦拭干净。

（2）根据轴颈长度剪一段塑料间隙条，按与曲轴轴线平行方向放置在轴承盖上。

（3）将轴承盖按原有规定记号（或现做的记号）装复，并按规定力矩拧紧螺栓，如图 7-1 所示。规定力矩：______________N·m。

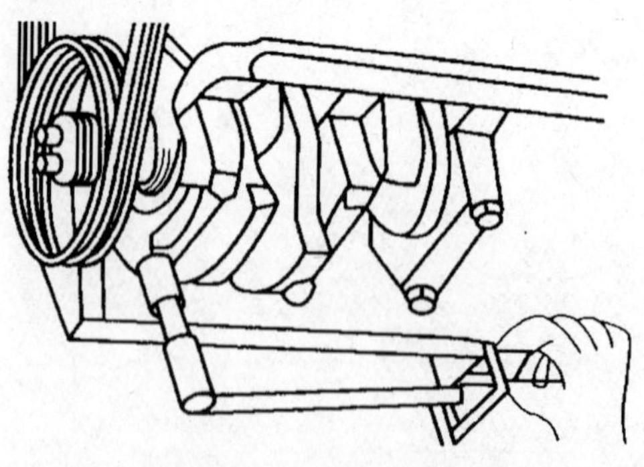

图 7-1 按规定力矩拧紧螺栓

注意

拧紧螺栓的整个过程不得转动曲轴。

（4）拆下轴承盖，对照塑料间隙条的宽度调整测量间隙规，测量间隙规宽度对应的间隙值即为连杆轴承径向间隙，如图 7-2 所示。

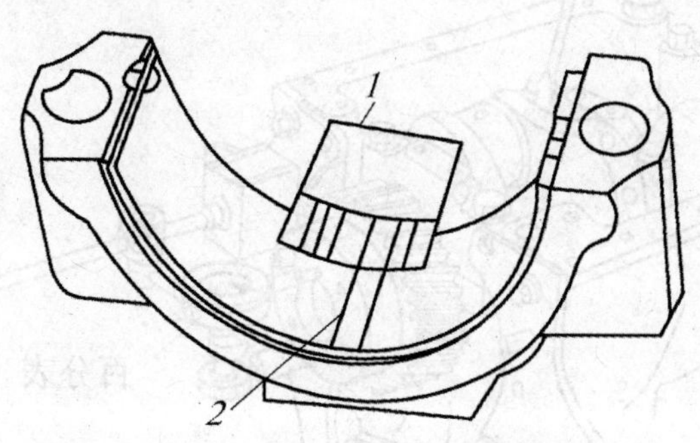

1—塑料线规标尺 2—压扁了的塑料线规

图 7-2 测量间隙

连杆轴承径向间隙为__________mm。

处理意见：__________

2．连杆轴承径向间隙的调整

若轴承盖与座之间有调整垫片，可适当增减垫片（增加垫片，间隙变大；减少垫片，间隙变小）以用手能灵活转动曲轴为宜。

转动曲轴时拆下全部火花塞。

3．连杆轴向间隙的检查

摇转曲轴，将需检查的连杆轴承转至下方，用锤柄沿曲轴轴向（前后）轻轻敲击连杆轴承盖，连杆大端应能移动，两手上下推动连杆大端应无明显的间隙感。否则，说明连杆轴承间隙过大。

4．曲轴轴承径向间隙的检查与调整

（1）拆下某一曲轴主轴颈轴承盖，将轴承与轴颈擦拭干净。

（2）根据轴颈长度剪一段塑料间隙条，按与曲轴轴线平行方向放置在轴承盖上。

（3）将轴承盖按原有规定记号（或现做的记号）装复，并按规定力矩拧紧螺栓。规定力矩：__________N·m。

（4）拆下轴承盖，对照塑料间隙条宽度调整测量间隙规，测量间隙规宽度对应的间隙值即为曲轴轴承径向间隙。

曲轴轴承径向间隙为__________mm。

处理意见__________。

5．曲轴轴向间隙的检查

（1）拆下飞轮壳底盖。

（2）将百分表座固定在飞轮壳上，百分表测量头抵触飞轮的外平面，用撬棒前后撬动曲轴正时带轮，百分表指针的摆动幅值即为曲轴轴向间隙值，如图 7-3 所示。

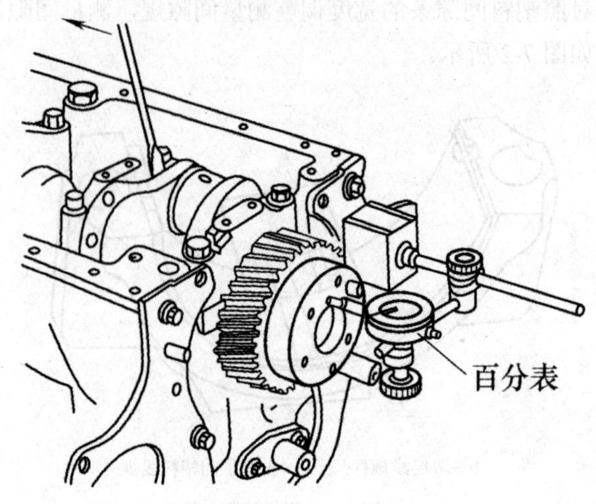

图 7-3　测曲轴轴向间隙

曲轴轴向间隙为______________________mm。

标准值为__________________________mm。

三、曲轴轴向间隙的调整

调整方法为____。

【知识拓展】

1．曲轴轴承径向间隙的检查与调整

（1）检查方法。

① 专用塑料线规检验法（以桑塔纳为例）：拆下曲轴主轴承盖，清洁轴承及曲轴轴颈，将塑料间隙测量片放在轴颈上或主轴承中，将轴承盖装好，并用 65N・m 力矩拧紧轴承盖螺栓，但注意不要使曲轴转动。然后拆卸轴承盖，取出已压展的塑料间隙测量片，与附带有不同宽度色标的量规相比对（见表 7-1），测出轴承间隙值。

表 7–1　不同宽度色标

测量范围	0.025～0.076mm	0.050～0.150mm	0.100～0.230mm
色标	绿	红	蓝

② 通用量具检验法。用内径千分尺和外径千分尺分别测量轴颈的外径和轴承的内径，测得的这两个尺寸的差，就是它们之间的间隙。连杆轴承径向间隙的检查与曲轴轴承径向间隙的检查方法相似。

（2）调整方法。当检查中的间隙值逾限时，则应重新选配轴承。轴承选配的基本原则为：根据色标选轴承或根据间隙选轴承。

① 根据色标选轴承。即根据轴颈的色标来选择相应级别的轴承。如切诺基汽车选配轴承时，可参照轴颈尺寸和相应轴承的对应关系用色标来直接选配轴瓦。

② 根据间隙选轴承。曲轴轴承间隙过大可造成润滑系油压过低，轴承异响；如间隙过小，润滑不良易使轴承烧损，故此时选配轴承应严格控制轴承的间隙。

此时选配的程序是先检测曲轴轴颈，在此基础上选择一定级别的轴承，安装并测量轴承间隙，根据间隙的大小再调整轴承，直到轴承间隙达到规定要求为止。

2．曲轴轴向间隙的检查与调整

（1）检查方法。

① 把带磁力底座的百分表固定在发动机前面，或者后面的缸体上。

② 把百分表杆部平行于曲轴中心线放置，调整表针。

③ 前后撬动曲轴，观察百分表读数。其最大值与最小值之差即为此曲轴的轴向间隙。

曲轴轴向间隙也可用另一方法进行检查：将曲轴定位轴肩和轴承的承推端面靠合，用撬棒将曲轴挤向后端，然后用厚薄规在曲轴臂与止推轴瓦或止推垫圈之间测得。

（2）调整方法。曲轴轴向间隙一般为 0.05～0.20mm。如轴向间隙过小，会使机件膨胀而卡滞；轴向间隙过大，易形成轴向窜动，则给活塞连杆组的机件带来不正常的磨损。因此，当轴向间隙值逾限时，则应更换或修整止推轴瓦或止推垫圈来进行调整。

3．活塞与气缸间隙的检查

活塞与气缸壁的间隙小于 0.14mm 时，一般采用试配检验。方法是：将气缸和活塞擦净，把一定规格（长×宽×厚=200mm×13mm×0.05mm）的厚薄规预先置放在气缸内受侧压力较大的一边（发动机右侧），倒置活塞（前后方向不变）使裙部大径方向对正厚薄规并推入气缸内至下缘与气缸上平面平齐，然后左手握住活塞，右手用弹簧秤拉出厚薄规，其拉力应符合规定，各缸间的拉力差应不超过 9.8N。

【课后反思】

发动机连杆（曲轴）间隙的检查项目评分表

班级：________ 姓名：________ 开始时间：________ 结束时间：________

项目		配分	评分标准或要求	违规记录	得分
基本情况评定	工具的选用	6	工具选用不当，发现一次扣 3 分，扣完本分值为止		
	工具的使用	6	工具使用不当，发现一次扣 3 分，扣完本分值为止		
	零部件摆放及工具整理	6	零部件乱摆、乱放，除下述另有规定的外，发现一次扣 2 分，扣完 6 分为止		
			发动机安装完毕后，场地未清理干净扣 2 分，工具未整理或整理不当扣 1～2 分		
	三不落地	6	零部件、工具、油料、抹布等落地一次扣 2 分，扣完本分值为止；发现较严重情况的本项不得分		
拆卸安装过程评定	连杆轴承轴向间隙的检查	15	正确拆下并清洁轴颈及轴承，否则扣 3 分		
			选取正确的测量片并放置正确，否则扣 5 分		
			测出正确的间隙值，否则扣 4 分		
			叙述正确的调整方法，否则扣 3 分		
	连杆轴向间隙的检查	15	将待检查连杆轴承转至下方，否则扣 5 分		
			正确敲击及检查轴向间隙，否则扣 10 分		
	曲轴轴承径向间隙的检查	15	正确拆下并清洁轴颈及轴承，否则扣 3 分		
			选取正确的测量片并放置正确，否则扣 5 分		
			测出正确的间隙值，否则扣 4 分		
			叙述正确的调整方法，否则扣 3 分		
	曲轴轴向间隙的检查与调整	15	正确安装百分表座及百分表，否则扣 5 分		
			正确测量出轴向间隙值，否则扣 2～7 分		
			正确调整轴向间隙，否则扣 3 分		
安全文明生产		8	着装整齐、动作规范、精神饱满、有礼貌，否则扣 1～8 分		
总用时（60 分钟）		8	每超过一分钟扣 4 分，扣完为止		
总配分		100		总得分	
考核感悟					

连杆的检修

【项目教学目标】

1．掌握活塞连杆的组成与连杆的结构。
2．掌握连杆外观检验的内容，并能判断连杆能否继续使用。
3．掌握连杆弯曲、扭曲及变扭变弯并存的检验方法。
4．培养学生吃苦耐劳、乐于奉献的精神。

【项目所需器材】

连杆、与连杆相配套的活塞销、连杆校正器、连杆检验器、塞尺等。

【项目教学内容】

一、连杆的外观检验

1．检查连杆体、轴承盖等。　　　　□良好　□有裂纹　□有损伤

2．检查轴承盖与轴承座结合面及定位槽。

□密合　□不密合　　　□良好　□有损伤

3．用塞尺检查连杆大头两端面与曲柄臂，间隙应符合规定，否则应予以更换。

测量间隙：____mm

标准间隙：____mm　　　□符合规定　□不符合规定

4．检查连杆螺栓及螺母。

□良好　□螺纹有损伤　□螺栓有裂纹或缺陷　□螺栓变形

处理方法：________________________________。

二、连杆变形的检验

连杆变扭变形的检验在连杆检验仪上进行，如图 8-1 所示。

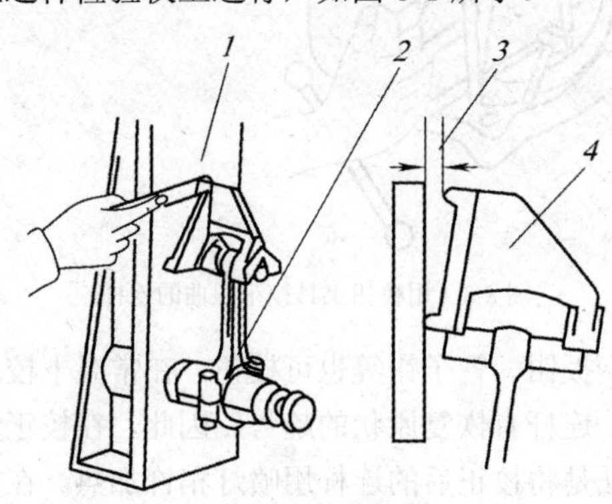

图 8-1　连杆变扭变形的检验

1—塞尺　2—连杆　3—检测器平面与量规指销的间隙　4—三点式量规

1. 先取下需检测的连杆小头的衬套和大头的连杆轴瓦，装上端盖并按规定力矩上紧连杆螺栓，然后将标准心轴插入小头孔内，并将大头套入检验器的可调心轴上。

2．拧紧可调心轴的调整螺钉，将连杆小头朝上固定在检验器上，再把三点规的 V 形面架在标准心轴上，使 3 个测试点移靠到检验器平板上，用厚薄规分别测试 3 个测点与平板的间隙，即可找出连杆的变形量。

3 个测点的间隙分别为上：____________；下 1：____________；下 2：____________。

结果判断：□弯曲　□扭曲　□弯扭组合

测量值：弯曲：____________；扭曲：____________。

三、连杆弯扭变形的校正

1．对弯曲的连杆，可用压床或校正器上的校弯工具压直。校正工具如图 8-2 所示。

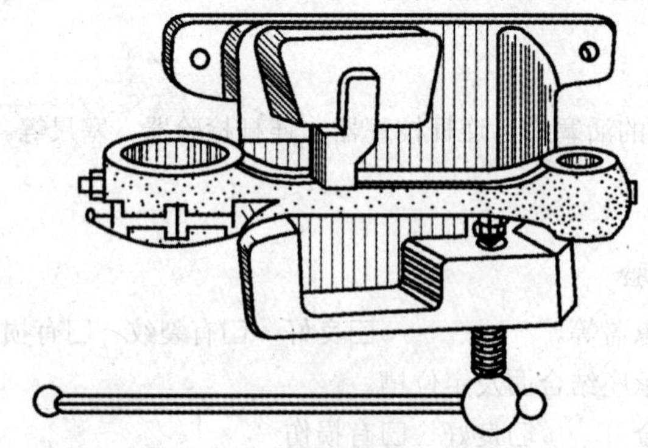

图 8-2　连杆弯曲的检查

2．对扭曲的连杆，可夹在台钳上，用校正器上的校扭工具校正，如图 8-3 所示。

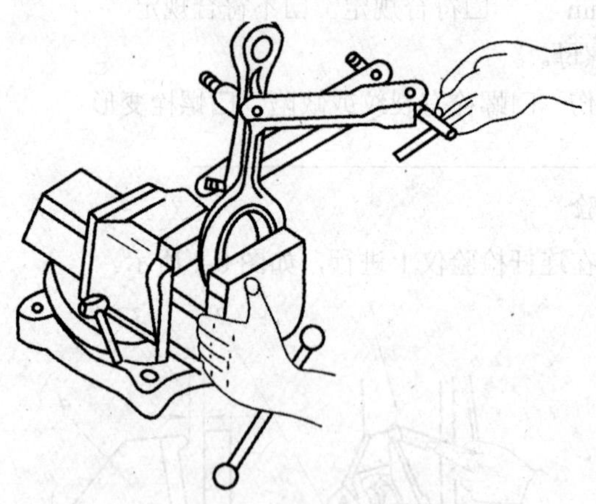

图 8-3　用校扭工具校正扭曲的连杆

没有校正工具时，用长柄扳钳、管子钳等也可校正。在常温下校正连杆，将会发生弹性变形和后效作用，即卸去负荷后，连杆有恢复原状的趋势。因此，在校正弯曲变形较大的连杆时，校正后最好进行时效处理。方法是将校正后的连杆用喷灯稍许加热。在校正弯、扭变形较小的连杆时，使校正负荷保持一定时间即可。经校正的连杆，应再次进行检验。如此反复进行，直到把弯扭变形消除为止。

四、连杆的选配

1. 连杆应尽量成组更换。需要单只更换时，须保证连杆质量差不大于 3g。

2. 连杆、连杆螺栓及螺母的结构，要与发动机的型号相匹配。

【知识拓展】

连杆弯扭的检查

一、方法一：三点规三点距离与弯扭的判断

① 连杆弯曲、弯曲量的检测：当三点规下面两个测点与平板接触，上面的测点与平板有一定间隙；或只有上面一个测点与平板接触，而下面两个测点与平板都有相同的间隙，说明连杆是纯弯曲。弯曲量就是厚薄规与平板的间隙量，即 100mm 长度上的弯曲度值。

② 连杆扭曲、扭曲量的检测:当三点规只有一个下触点与平板接触，且上测点间隙等于另一个下测点间隙的一半（如左下测点）时，此时，说明连杆是纯扭曲。扭曲量就是下测点与平板间的间隙量，即 100mm 长度上的扭曲度值。

③ 弯扭并存双重变形的检测：

当只有一个上测点与平板接触，两个下触点与平板的间隙又不相等，或只有一个下测点接触，且上测点间隙又不等于另一个测点间隙的一半时，可以判定该连杆是弯扭并存双重变形。

二、方法二：用百分表测心轴两端高度差

① 在连杆大头和小头内装入标准心轴，放在平板上的 V 形架上，用百分表进行测量，通过测定心轴两端高度差，即可计算出连杆的弯曲值。

② 将连杆横放于检测台 V 形架上，检测心轴两端的高度差，即可算出连杆的扭曲值。

为了更准确地检测，应将连杆翻面，再次测量，将两次测得的数据计算，其平均值即为连杆的弯曲度和扭曲度。

【课后反思】

连杆的检修作业考核表

班级：__________ 姓名：__________ 开始时间：__________ 结束时间：__________

<table>
<tr><th colspan="2">项目</th><th>配分</th><th>评分标准或要求</th><th>违规记录</th><th>得分</th></tr>
<tr><td rowspan="5">基本情况评定</td><td>工具的选用</td><td>6</td><td>工具选用不当，发现一次扣 3 分，扣完本分值为止</td><td></td><td></td></tr>
<tr><td>工具的使用</td><td>6</td><td>工具使用不当，发现一次扣 3 分，扣完本分值为止</td><td></td><td></td></tr>
<tr><td rowspan="2">零部件摆放及工具整理</td><td rowspan="2">6</td><td>零部件乱摆、乱放，除下述另有规定的外，发现一次扣 2 分，扣完 6 分为止</td><td></td><td></td></tr>
<tr><td>发动机安装完毕后，场地未清理干净扣 2 分，工具未整理或整理不当扣 1～2 分</td><td></td><td></td></tr>
<tr><td>三不落地</td><td>6</td><td>零部件、工具、油料、抹布等落地一次扣 2 分，扣完本分值为止；发现较严重情况的本项不得分</td><td></td><td></td></tr>
<tr><td rowspan="6">检修过程评定</td><td rowspan="2">连杆外观检查</td><td rowspan="2">20</td><td>检测工艺及操作出现问题扣 2～14 分</td><td></td><td></td></tr>
<tr><td>结果及处理方式错误扣 6 分</td><td></td><td></td></tr>
<tr><td rowspan="4">连杆变形的检修</td><td rowspan="4">40</td><td>正确将连杆安装在检测仪上，否则扣 1～10 分</td><td></td><td></td></tr>
<tr><td>正确测量三个点的距离，错一点扣 5 分</td><td></td><td></td></tr>
<tr><td>正确判断连杆的变形，否则扣 1～10 分</td><td></td><td></td></tr>
<tr><td>正确选择修正的方法，否则扣 1～15 分</td><td></td><td></td></tr>
<tr><td colspan="2">安全文明生产</td><td>8</td><td>着装整齐、动作规范、精神饱满、有礼貌，否则扣 1～8 分</td><td></td><td></td></tr>
<tr><td colspan="2">总用时（60 分钟）</td><td>8</td><td>每超过一分钟扣 4 分，扣完为止</td><td></td><td></td></tr>
<tr><td colspan="2">总配分</td><td>100</td><td></td><td></td><td></td></tr>
<tr><td>考核感悟</td><td colspan="5"></td></tr>
</table>

发动机曲轴飞轮组的检修

【项目教学目标】

1．掌握曲轴飞轮组的组成、作用及飞轮的结构。

2．掌握曲轴飞轮组的拆、装工艺及其拆、装要领。

3．能够按正确的操作步骤进行拆、装。

4．养成良好的工作作风。

【项目所需器材】

丰田 8A 发动机、机油、常用工具、丰田车专用工具、维修手册等。

【项目教学内容】

一、曲轴飞轮组的拆卸

1．将气缸体倒置在工作台上，在主轴承盖上按顺序做好标记。

2．旋出飞轮固定螺栓，从曲轴凸缘上拆下飞轮。

3．按顺序拧松并拆下曲轴主轴承盖紧固螺栓。

螺栓的拧松方法为：______________________________
____。

在如图 9-1 所示中画出螺栓的拧紧顺序。

○ ○ ○ ○ ○

○ ○ ○ ○ ○

图 9-1　螺栓安装位置示意图

4．抬下曲轴，再将曲轴盖及轴瓦按原位装回，并将固定螺母拧入少许。

二、曲轴飞轮组的装配

1．将经过清洗和擦拭干净的曲轴、飞轮、选配及修配好的轴瓦、轴承盖等零件，依次摆放整齐，准备装配。

2．将曲轴小心地安装在缸体上。

注意

在第 3 道主轴颈两侧安装______________，其开口必须朝向__________。

3．安装轴承盖。

按 1～5 序号安装，不得装错和装反；1、2、4、5 道曲轴瓦，只有装在缸体上的轴瓦有油槽，装在瓦盖上的无油槽，但第 3 道轴瓦两片均有油槽；螺栓要从中间轴承盖向左右对称紧固。

4．检查曲轴转动是否顺畅。

若转动较吃紧，__________________________，直到转动顺畅为止。

5．检验曲轴的轴向间隙。检验时，用一字旋具来回轴向撬动曲轴，用百分表测量曲轴轴向间隙。标准间隙值一般为 0.020～0.220mm。

【知识拓展】

曲轴在发动机中受往复式活塞的推动，将往复直线运动转换成圆周运动。它既要承受高频冲击，又要驱动以它为中心的各部机件，所以曲轴在发动机里的负担是非常重的，可将它称为发动机中的动力轴。曲轴把活塞工作时所产生的动力传递到发动机以外，飞轮依靠惯性力又通过曲轴推动连杆和活塞，使它们进行进气、压缩、做功和排气工作。曲轴还直接和间接带动其他机件，如凸轮轴、水泵、风扇、分电器、汽油泵和机油泵等。

由于曲轴的工作性质，在设计时就应注意到它的体积、材料、轴颈、扭矩、强度、韧性及配重。曲轴臂和连杆大头的重量平衡使曲轴旋转时减少震动，曲轴颈和相邻的轴颈之间承座下的油道须由曲轴通向连杆轴颈，使颈和销都能得到润滑。曲轴的几何形状复杂，技术要求比较高，在正常使用情况下，它可以工作百万公里，经数次修整，也不致断裂。

曲轴能否正常使用取决于润滑条件、轴承间隙、轴承同心度、主轴颈同心度以及正确的保修等。曲轴损坏的原因是多方面的，有些损坏是可以修复的，但曲轴折断后就无法修复了。曲轴折断除了材料质量方面的原因以外，一般断裂部位常在主轴颈与连杆轴颈之间。由于在同一曲轴上各部位受到的扭力和旋转力不同，同时由于轴承支承力的变化和主轴同心度的变化，会使曲臂上的应力集中。另外曲臂本身比轴颈单薄，曲轴就容易折断。折断原因归纳起来有以下几种。

（1）主轴承和连杆轴承经多次烧蚀，烧蚀部位的支承力减弱，则轴的径向跳动频繁，再加上根部烧蚀后应力发生变化，所以断裂发生在轴颈根部与曲臂之间。

（2）相邻主轴承间隙过大，尤其是后两道主轴承与前两道主轴承间隙过大，断裂往往发生在 2 缸、5 缸连杆轴颈根部（以六缸机为例）。这是因为曲轴后有飞轮、前有皮带盘，曲轴两端受力过重，则径向跳动频繁。再加上前后气缸工作时的冲力，以致在曲臂处折断。

（3）主轴承磨损过多，长期松动，断裂发生在曲轴后半部。这也是因为曲轴径向跳动频繁，飞轮本身有一定的重量，前面有各气缸的工作冲击，使曲轴受力不匀。驾驶人员在开车上坡时抬离合器过猛，而导致曲轴断裂。

（4）曲轴端隙太大或烧蚀严重，运转时前后窜动。端隙在第一道主轴时，在踩离合器时将会前后窜动，则曲臂受端面反击力更重，由于应力集中，曲轴的前三缸的曲臂处往往会发生折断。

（5）最后一道主轴承烧蚀或轴承滚动（转圈），会形成曲轴后部跳动量过大。再加上第 6 缸工作冲击和飞轮锤击，折断点在主轴颈第 6 道与连杆轴颈之间的曲臂上。

（6）曲轴弯曲量过大或不同心，以及主轴承间隙留量松紧不匀，使曲轴转动时受阻。再加上曲轴前后负荷不匀，则径向跳动频繁，断裂常发生在2、5缸曲臂上。

（7）连杆轴颈磨损超过极限2.0mm时，主轴与轴承松动。当负荷加大，并且换挡不适时以及中速挡突然起动，就会造成轴与曲臂之间根部应力集中而断裂。

（8）气缸体变形后主轴承座孔不同心，使曲轴在旋转时折扭。在这种情况下，主轴与轴承之间的间隙也随着增大。当曲轴受到较大负荷冲击时，曲轴就容易折断。

（9）解放牌汽车发动机曲轴端止推面位里在第一道主轴上，同时曲轴上还有空气压缩机负荷。当空压机负荷增大时，容易使曲轴烧蚀或松旷而产生径向跳动。最后导致某些缸的曲臂在频繁的扭力作用下折断。

（10）发动机经常突爆或有一、两个火花塞经常处于不点火状态。突爆时个别气缸不做功，使曲轴受力不一致，就会使曲臂产生裂纹。在发动机动力衰退后期，也就是轴瓦间隙量过大的时期，轴的径向跳动较大，曲轴的裂纹就会扩大至断裂。

以上10种断裂大都发生在曲臂上。一方面因为曲臂比较单薄，另一方面应力总是集中在油道截面处，这是曲轴的最大缺点。

曲轴断裂或折断不是马上全部断开，而是开始时形成裂纹，裂纹逐渐扩大，最后断开。所以发动机大修时应该用仪器探伤，或用煤油浸轴后敲击检查，发现有裂纹应及时更换新轴，这样就避免发生曲轴在运行中折断的故障。

【课后反思】

曲轴飞轮组拆装项目考核记录表

班级：________ 姓名：________ 开始时间：________ 结束时间：________

<table>
<tr><th colspan="2">项目</th><th>配分</th><th>评分标准或要求</th><th>违规记录</th><th>得分</th></tr>
<tr><td rowspan="4">基本情况评定</td><td>工具的选用</td><td>6</td><td>工具选用不当，发现一次扣 3 分，扣完本分值为止</td><td></td><td></td></tr>
<tr><td>工具的使用</td><td>6</td><td>工具使用不当，发现一次扣 3 分，扣完本分值为止</td><td></td><td></td></tr>
<tr><td>零部件摆放及工具整理</td><td>6</td><td>零部件乱摆、乱放，除下述另有规定的外，发现一次扣 2 分，扣完 6 分为止
发动机安装完毕后，场地未清理干净扣 2 分，工具未整理或整理不当扣 1～2 分</td><td></td><td></td></tr>
<tr><td>三不落地</td><td>6</td><td>零部件、工具、油料、抹布等落地一次扣 2 分，扣完本分值为止；发现较严重情况的本项不得分</td><td></td><td></td></tr>
<tr><td rowspan="7">拆装过程评定</td><td rowspan="3">曲轴飞轮组的拆卸</td><td rowspan="3">30</td><td>正确检查及做标记，否则扣 5 分</td><td></td><td></td></tr>
<tr><td>正确拆卸飞轮，得 5 分</td><td></td><td></td></tr>
<tr><td>正确拆下主轴承盖螺栓，得 20 分</td><td></td><td></td></tr>
<tr><td rowspan="4">曲轴飞轮组的装配</td><td rowspan="4">30</td><td>正确清洗清洁各零部件，得 5 分</td><td></td><td></td></tr>
<tr><td>正确安装曲轴及止推垫片，得 10 分</td><td></td><td></td></tr>
<tr><td>正确安装轴承盖及螺栓，得 10 分</td><td></td><td></td></tr>
<tr><td>检查曲轴转动是否顺畅，得 5 分</td><td></td><td></td></tr>
<tr><td colspan="2">安全文明生产</td><td>8</td><td>着装整齐、动作规范、精神饱满、有礼貌，否则扣 1～8 分</td><td></td><td></td></tr>
<tr><td colspan="2">总用时（30 分钟）</td><td>8</td><td>每超过一分钟扣 4 分，扣完为止</td><td></td><td></td></tr>
<tr><td colspan="2">总配分</td><td>100</td><td></td><td></td><td></td></tr>
<tr><td>考核感悟</td><td colspan="5"></td></tr>
</table>

项目十 10 活塞环的检修

【项目教学目标】

1．熟悉活塞环的种类和特点。

2．掌握活塞测量和活塞环“三隙”测量方法。

【项目所需器材】

8A 发动机、活塞环、塞尺、游标卡尺、千分尺、机油壶、铲刀、刷子、清洗汽油若干。

【项目教学内容】

一、准备工作

（1）准备检查工具。

（2）检查活塞及气缸。

（3）清洁气缸，清洗活塞。

使用垫片铲刀，清除活塞顶面的积炭，如图 10-1 所示。

图 10-1　用铲刀清除活塞顶面积炭

使用活塞环槽清洁工具或断活塞环清洁活塞环槽，如图 10-2 所示。

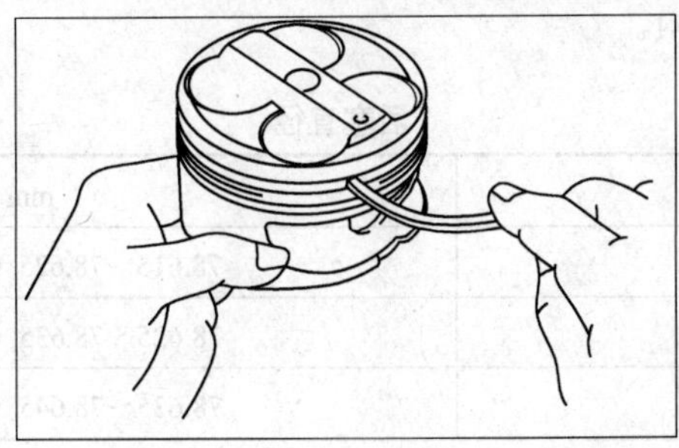

图 10-2　用断活塞环清洁活塞环槽

思考：为什么要将环槽清理干净？____。

使用有机溶剂和刷子彻底清洁活塞，如图 10-3 所示。

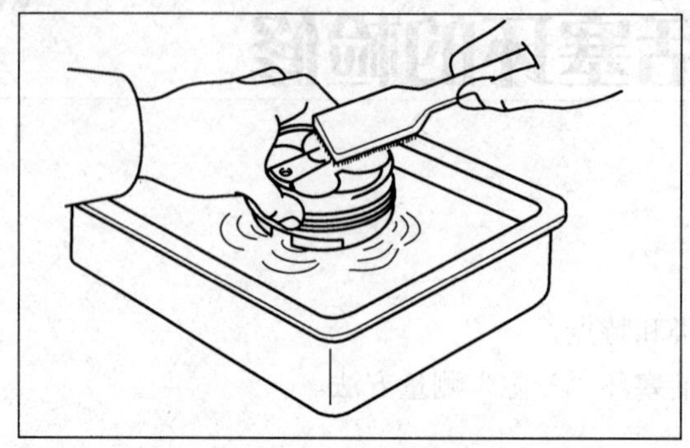

图 10-3　用有机溶剂和刷子清洁活塞

注意：为什么不得使用钢丝刷清理活塞？____。

二、活塞测量及活塞环选配

1．活塞测量

使用千分尺，在与销孔轴线垂直的方向距离活塞顶 28.5mm 处测量活塞头部直径，如图 10-4 所示。

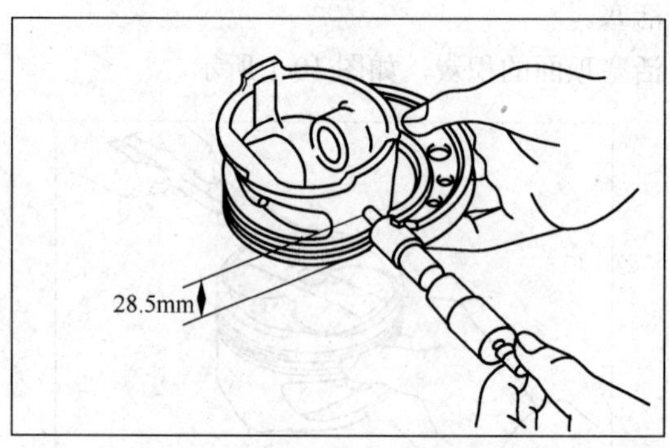

图 10-4　测量活塞头部直径

思考：为何在距离活塞顶部 28.5mm 处测量？____。

活塞标准尺寸参见表 10-1。

表 10–1　活塞直径

标记	mm（in）
1	78.615～78.625（3.0951～3.0955）
2	78.625～78.635（3.0955～3.0959）
3	78.635～78.645（3.0959～3.0963）

加大尺寸=标准尺寸+0.50mm，加大尺寸的值一般为 79.115～79.145mm（3.1148～3.1159in）。用气缸直径减去活塞直径，得到活塞与气缸间隙（油隙）。

标准间隙：0.075～0.095mm（0.0030～0.0037in）。

最大间隙：0.115mm（0.0045in）。

如果间隙超过最大值，更换所有活塞并重新镗削所有气缸。如有必要，更换气缸体。

思考：油隙过大、过小的危害是什么？____。

2．活塞环侧隙检查

将活塞环放在环槽内，围绕环槽滚动一圈，环在槽内应滚动自如，既不松动，又无阻滞现象，如图 10-5 所示。

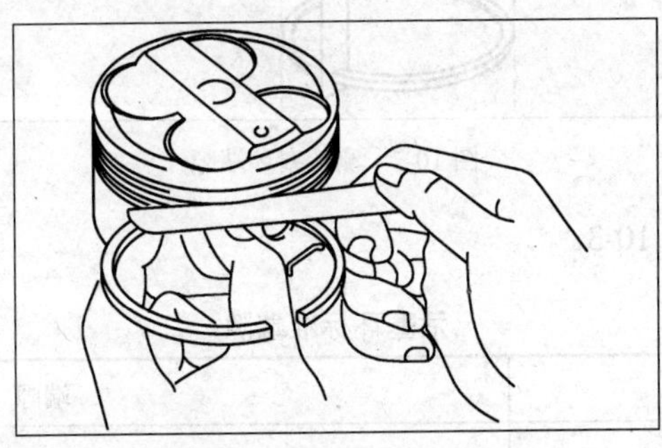

图 10-5 检查活塞环侧隙

活塞环隙参见表 10-2。

表 10-2 活塞环隙

活塞环	间隙
1	0.040～0.080mm（0.0016～0.0031in）
2	0.030～0.070mm（0.0012～0.0028in）

如果活塞环侧隙超过最大值，则更换活塞。

思考：侧隙过大会有什么影响？____。

3．活塞环端隙测量

（1）把活塞环插入气缸。

（2）使用活塞，将活塞环推入距离气缸顶部 97mm（3.82in）处，如图 10-6 所示。

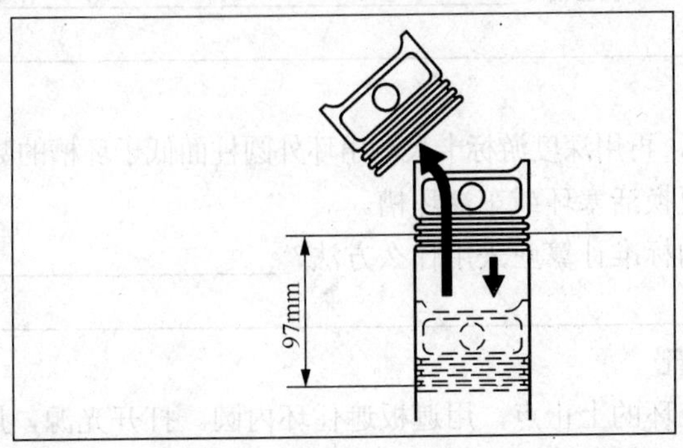

图 10-6 用活塞将活塞环推入

（3）用塞尺测量活塞环端隙，如图 10-7 所示。

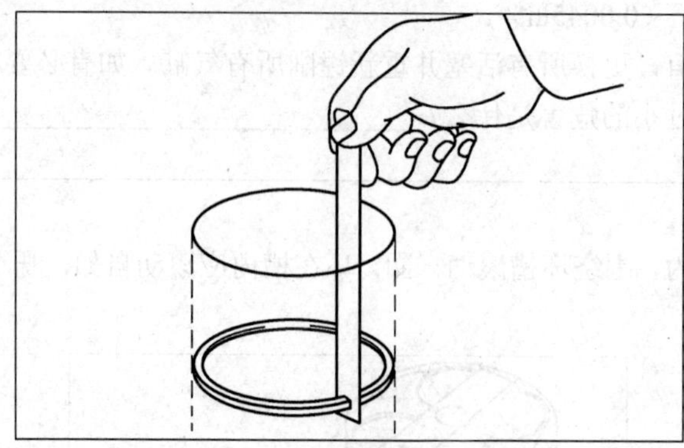

图 10-7　测活塞环端隙

活塞环标准端隙参见表 10-3。

表 10-3　活塞环标准端隙

活塞环	端隙
1	0.250～0.450mm（0.0098～0.0177in）
2	0.350～0.600mm（0.0138～0.0236in）
油环	0.150～0.500mm（0.0059～0.0197in）

活塞环最大端隙见表 10-4。

表 10-4　活塞环最大端隙

活塞环	端隙
1	1.05mm（0.0413in）
2	1.20mm（0.0472in）
油环	1.10mm（0.0433in）

如果端隙超过了最大值，更换活塞环。

如果使用了新活塞，端隙超过了最大值，重新镗削 4 个气缸或更换气缸体。

思考：端隙过大过小有何危害？____

____。

4．活塞环背隙检查

将活塞环落入环槽底，再用深度游标卡尺测出环外圆柱面低于环槽的数值。一般为 0～0.35mm。如果间隙过小，应更换活塞环或车深环槽。

思考：活塞环背隙的标准计算应采用什么方法？______________________________

____。

5．活塞环漏光度检查

将活塞环推入到相应环的上止点，用遮板遮住环内圆。打开光源，用量角器和塞尺测量活塞环的漏光度，如图 10-8 所示。

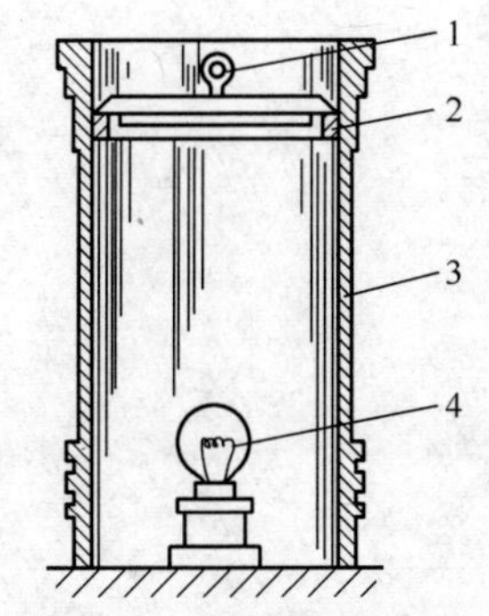

图 10-8 活塞环漏光度的检查

1—遮光板 2—活塞环 3—气缸 4—灯泡

思考：漏光度的检验标准是什么？

____

____

____

____。

【知识拓展】

1．活塞的最大磨损部位是活塞环槽的磨损，特别是第一道环槽的磨损最为严重。磨损后，环槽断面呈内小外大的梯形，使侧隙增大，造成气缸窜气和窜机油。环槽的磨损极限一般不大于 0.15mm。

2．发动机大修主要取决于活塞裙部与气缸壁的间隙和气缸的磨损程度两个因素。

3．活塞的异常损伤主要有刮伤、顶部烧蚀和脱顶等。

4．活塞选配时要注意以下几点。

（1）按气缸的尺寸选配活塞，要选用与气缸同一级别和同一分组尺寸的活塞。

（2）同一台发动机必须选用同一厂牌的活塞，以保证材料和性能的一致性。

（3）在选配的成组活塞中，其尺寸差一般为 0.01～0.015mm，质量差为 4～8g，活塞销座孔的涂色标记应相同。

5．活塞环的耗损形式主要是磨损、弹性减弱、折断等。

6．在更换新活塞环时，如果缸壁上磨出的缸肩未刮去，往往会撞断第一道活塞环。

7．标准尺寸的气缸和活塞，选用标准尺寸的活塞环。加大尺寸的气缸和活塞，选用同一修理尺寸等级的活塞环。

8．活塞环漏光度的检验标准：在活塞环端口左右 30° 范围内不允许漏光；同一活塞环漏光不多于两处；没出漏光弧长的圆心角不得超过 25° ；同一活塞环上漏光弧长所对应的圆心角的总和不得超过 45° ；漏光缝隙不大于 0.03mm，当缝隙小于 0.015mm 时，其弧长对应的圆心角之和可以放宽到 120° 。

【课后反思】

活塞环的检修作业考核表

姓名		班级		分数		
测量前准备						
千分尺校正前读数				误差值		
气缸号	活塞直径	活塞环测量			备注	
		侧隙	端隙	背隙		
1						
2						
3						
4						
考核感悟						

曲轴的检修——曲轴测量

【项目教学目标】

1．了解曲轴弯扭变形的检修方法。

2．掌握曲轴弯曲和扭曲的检验方法。

【项目所需器材】

8A 发动机曲轴、平台、磁力表座、千分尺、百分表、高度游标卡尺、V 形铁。

【项目教学内容】

一、准备工作

1．清洗曲轴。

2．曲轴外观损伤检验。仔细检查曲轴主轴颈、连杆轴颈及其过渡圆弧，所有表面不得有划痕、烧伤和碰痕。

二、曲轴检查

1．检查曲轴弯曲度，如图 11-1 所示。

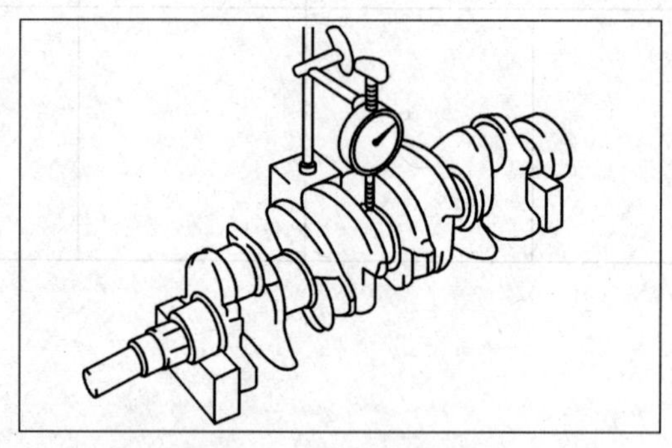

图 11-1　检查曲轴弯曲度

（1）把曲轴放在 V 形铁上。

（2）使用百分表，测量中间轴颈，得出弯曲度误差。

测量值为最大__________mm；最小__________mm。

标准值为____________________mm。

判断及处理：________________________________。

8A 发动机弯曲度误差最大为 0.06mm。

2．曲轴轴颈测量

（1）使用千分尺，测量每个主轴颈和曲柄销直径，如图 11-2 所示。主轴直径和曲柄销直径的标准值见表 11-1 和表 11-2。

表 11–1 主轴颈直径

标准	47.982～48.000mm（1.8891～1.8898in）
加大尺寸 0.25	47.745～47.755mm（1.8797～1.8801in）

表 11–2 曲柄销直径

标准	39.985～40.000mm（1.5742～1.5748in）
加大尺寸 0.25	39.745～39.755mm（1.5648～1.5652in）

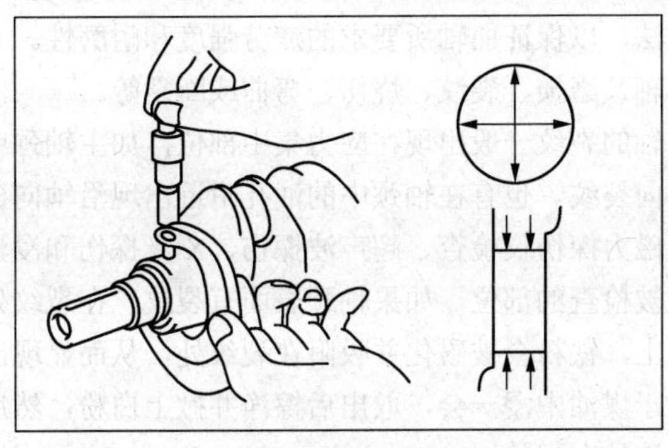

图 11-2 测量曲轴轴颈

如果直径不标准，检查油隙。如果必要，磨削或更换曲轴。

（2）检查主轴颈和曲柄销的圆柱度和圆度，将测量值分别填入表 11-3 和表 11-4。

表 11–3 主轴颈圆度和圆柱度

主轴颈	方向 1	方向 2	圆度	圆柱度
位置 1				
位置 2				

表 11–4 曲柄销圆度和圆柱度

曲柄销	方向 1	方向 2	圆度	圆柱度
位置 1				
位置 2				

查阅维修手册，圆度误差标准值：______________；

圆柱度误差标准值：____________。

如果圆度和圆柱度误差超过最大值，更换曲轴。

3．曲轴扭曲变形检查

扭曲检查时，曲轴的放置与弯曲检查相同。检查时，将曲柄臂置于水平位置，用高度游标卡尺测量同一平面内第一缸和最后一缸的连杆轴颈高度。

高度一：________________mm；

高度二：________________mm；

曲柄半径 R：________________mm；

θ =57° ×ΔA/R=________________。

【知识拓展】

曲轴是发动机主要零件之一，通常采用高强度的球墨铸铁或优质、高强度的中碳合金钢制成（例如捷达 EA827 发动机曲轴的材料为球墨铸铁）。发动机工作时，曲轴作高速旋转运动，并受到周期性不断变化的气体压力、往复运动质量惯性力、旋转运动离心惯性力以及它们的力矩的共同作用。曲轴轴颈表面在承受很大的单位压力的同时且具有很高的滑动摩擦速度，轴颈散热效果较差，各轴颈表面极易遭受磨料磨损。因此，发动机在大修时必须对曲轴进行检验，查明情况，并选择正确的修理或修复方法，以保证曲轴所要求的疲劳强度和耐磨性。

曲轴常见损伤形式有轴颈磨损、裂纹、烧伤、弯曲或断裂等。

（1）裂纹的检修。曲轴的裂纹一般出现在应力集中部位，如主轴颈或连杆轴颈与曲柄臂相连的过渡圆角处，表现为横向裂纹。也有在轴颈中的油孔附近出现沿轴向延伸的裂纹。

常用的检查方法有：磁力探伤仪检查、超声波探伤、X 光探伤和浸油敲击法等。用磁力探伤仪检查时，使磁力线通过被检查的部位，如果轴颈表面有裂纹，在裂纹处磁力线会偏散而形成磁极，将磁性铁粉撒在表面上，铁粉会被磁化并吸附在裂纹处，从而显现出裂纹的位置和大小。浸油敲击法检查是将曲轴置于煤油中浸一会，取出后擦净并撒上白粉，然后分段用手锤轻轻敲击。如有明显的油迹出现，即该处有裂纹。

曲轴轴颈表面不允许有横向裂纹。对轴向裂纹，其深度如在曲轴轴颈修理尺寸以内，可通过磨削磨掉。否则应予以报废。

（2）弯曲变形的检验。将曲轴的两端用 V 形块支承在平板上，用百分表的触头抵在中间主轴颈表面。然后转动曲轴一周，表上指针的最大与最小读数之差，即为中间主轴颈对两端主轴颈的径向圆跳动误差。

（3）轴颈磨损的检修。检验曲轴轴颈磨损量，测定主轴颈及连杆轴颈的圆度误差和圆柱度误差，其目的在于决定是否需要磨修及磨修的修理尺寸。测量时，用外径千分尺先在油孔两侧测量，然后旋转 90° 再测量，最大直径与最小直径之差的 1/2 为圆度误差。轴颈两端测得的直径差的 1/2 为圆柱度误差。当曲轴主轴颈与连杆轴颈的圆度和圆柱度误差大于 0.025mm 时，应按修理尺寸进行磨修。

曲轴扭曲变形的原因主要是个别活塞卡缸、个别气缸不工作或各缸工作不均衡，各道主轴承松紧度不一致，发动机长期在超负荷或爆燃等条件下工作，汽车起步过猛或紧急制动时未切断动力源所造成。如果发动机的动力不足，但发动机的油电路正常，气门的密封性能良好，活塞环的弹力和漏光度也符合技术要求，则发动机动力不足的原因往往是曲轴的扭曲变形使发动机的配气相位、点火正时（或喷油正时）发生了变化。由于这种变化在车上是不能用调校的方法消除的，因此这时应该检查曲轴是否扭曲变形。

此外，轴颈表面还可能出现擦伤与烧伤。擦伤主要是由于机油不清洁引起的。烧伤是由于润滑不足、机油过稀或油路阻塞等原因造成烧瓦引起的。

【课后反思】

曲轴测量项目考核记录表

班级：____________　　姓名：____________　　开始时间：____________　　结束时间：____________

<table>
<tr><th>项目</th><th>分值</th><th colspan="3">数据记录</th><th>得分</th></tr>
<tr><td>外观</td><td>10</td><td colspan="3"></td><td></td></tr>
<tr><td rowspan="2">弯曲检查</td><td rowspan="2">20</td><td>最大值</td><td>最小值</td><td>弯曲度</td><td></td></tr>
<tr><td>mm</td><td>mm</td><td></td><td></td></tr>
<tr><td rowspan="2">扭曲检查</td><td rowspan="2">20</td><td>第一连杆位置</td><td>第四连杆位置</td><td>扭曲度</td><td></td></tr>
<tr><td></td><td></td><td></td><td></td></tr>
<tr><td rowspan="5">主轴颈检查</td><td rowspan="5">15</td><td></td><td>位置一</td><td>位置二</td><td></td></tr>
<tr><td>方向一</td><td></td><td></td><td></td></tr>
<tr><td>方向二</td><td></td><td></td><td></td></tr>
<tr><td>圆度</td><td></td><td></td><td></td></tr>
<tr><td>圆柱度</td><td colspan="2"></td><td></td></tr>
<tr><td rowspan="5">连杆轴颈检查</td><td rowspan="5">15</td><td></td><td>位置一</td><td>位置二</td><td></td></tr>
<tr><td>方向一</td><td></td><td></td><td></td></tr>
<tr><td>方向二</td><td></td><td></td><td></td></tr>
<tr><td>圆度</td><td></td><td></td><td></td></tr>
<tr><td>圆柱度</td><td colspan="2"></td><td></td></tr>
<tr><td>安全文明生产</td><td>20</td><td></td><td></td><td></td><td></td></tr>
<tr><td>合计</td><td>100</td><td></td><td></td><td></td><td></td></tr>
<tr><td>考核感悟</td><td colspan="5"></td></tr>
</table>

气门组拆装及检修

【项目教学目标】

1. 了解气门组的结构组成。
2. 掌握气门组的拆解与检验方法。

【项目所需器材】

491 发动机气缸盖、平台、磁力表座、百分表、游标卡尺、高度游标卡尺、钢角尺、塞尺、V 形铁、橡皮锤。

【项目教学内容】

一、准备工作

1. 清理缸盖。
2. 拆卸气门、气门弹簧。
3. 清洗气门组件。

二、工作过程

1. 气门弹簧检查。

气门弹簧常见的缺陷有______、______、______、______、和______等。

气门弹簧的检修方法如下。

气门弹簧自由高度检查用游标卡尺检测，如图 12-1 所示，测量的结果须符合规定，否则应更换气门弹簧。

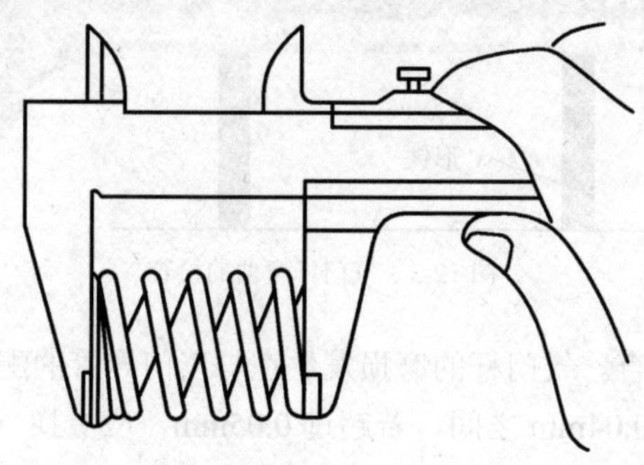

图 12-1　测量弹簧自由长度

请记录你所测量的气门弹簧的长度是__________mm。

气门弹簧的弯曲变形检查，如图 12-2 所示，将气门弹簧放在平板上，用 90°的角尺检查其垂直度，一般垂直度误差在 1.60～2.00mm，否则须校正或更换。

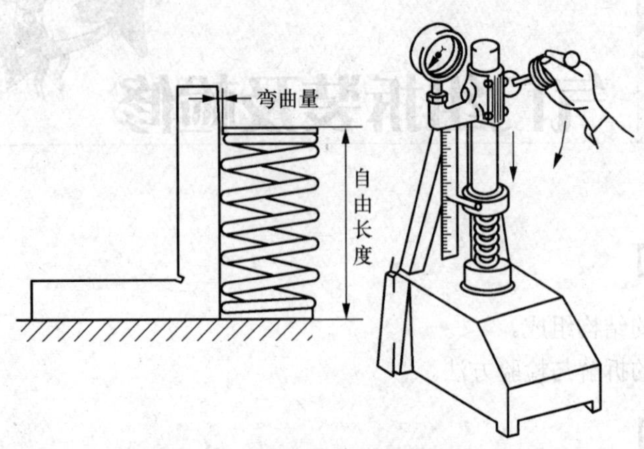

图 12-2　测量弹簧负荷长度和弯曲量

请记录所测量的弹簧弯曲度：____________。

校正后在 270℃～290℃温度下保温 10min，以消除内应力，保持校正后的形状。校正后的气门弹簧须再次检验，合格后装机使用。

气门弹簧弹力的测定在弹簧试验器上进行，如图 12-2 所示。将被检弹簧置于台架上的支承座与压头之间，扳动手柄带动压柱齿杆，并使压头下移而压缩弹簧。这时观察压力表的压力及长度标尺上的读数，再与标准数据比较，如未达到规定标准，则应更换新弹簧。

2．气门的检查。

气门常见的损伤有：____________、____________、____________和____________等。

（1）气门杆弯曲的检查。气门杆部弯曲可用百分表测量，如图 12-3 所示。将气门置于 V 形铁上，用手转动气门杆，并以百分表测量杆部与头部。一般弯曲度超过 0.03mm 或气门头部的摆差超过 0.05mm，均应校正或修整。弯曲的修正，可用压床予以校正。

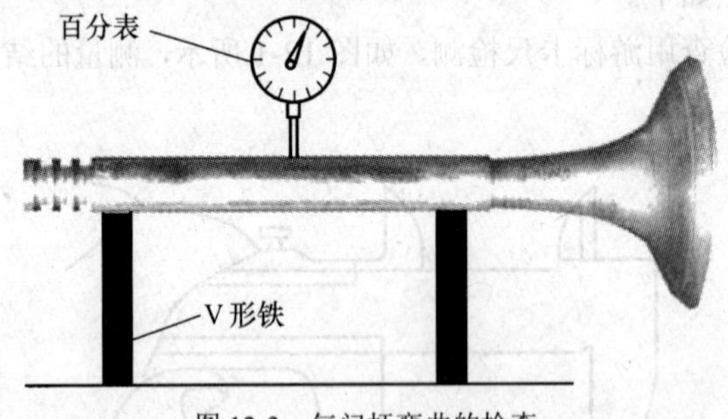

图 12-3　气门杆弯曲的检查

（2）气门杆部磨损的检查。气门杆的磨损发生在与气门导管的配合部位，且磨成椭圆形。气门杆的磨损量一般在 0.03～0.04mm 之间，若超过 0.05mm，应更换气门。

（3）气门端部的检查。气门端部磨成凹陷，应将其磨平，东风 EQ6100-1 型发动机进排气门长度均为 129.1mm，磨损极限为 0.50mm。

请记录你所测量到的进、排气门的长度。

进气门：____________mm。

排气门：____________mm。

（4）气门工作面的修理

① 当气门与气门座有轻微烧蚀和斑点时，可用手工研磨气门。研磨中，不能用力敲击气门，只能一边转动一边调整方向位置。最后洗去研磨膏，涂上机油进一步精磨，达到更好的密合。

② 当气门产生很深的麻点，或较大的斑痕时，可用光磨的方法进行修复。使用气门光磨机光磨气门工作面。磨前应先调整好光磨机的工作角度。磨合时，磨削量不可太大，以防气门头部退火。

③ 气门经修磨后，气门顶边缘厚度不得小于 0.8mm。气门头斜面相对于气门杆的轴线摆差，应不大于 0.05mm。气门杆直线度不大于 0.02～0.03mm，倾斜度和圆度不大于 0.01～0.02mm。

3．气门组件的安装步骤

（1）清洁气门组件。

（2）安装气门，注意在气门管和气门杆部涂油。

（3）安装气门油封。

（4）安装气门弹簧。

（5）安装气门弹簧座。

（6）用气门弹簧拆装钳压缩弹簧。

（7）安装锁片。

（8）拆掉拆装钳，敲击弹簧座。

【知识拓展】

一、EQ6100 技术要求

1．气门头部圆柱面的高度不得小于 0.8mm。

2．环带宽度：进气门 1.0～2.0mm，排气门 1.5～2.5mm。

3．气门杆弯曲度值不大于 0.03mm，径向磨损不大于 0.07mm，端面磨损不大于 0.07mm。

4．气门座圈工作面角度为 45°，其宽度：进气门为 2.00mm，排气门为 2.40mm。

5．气门导管内径与气门杆外径之差的标准配合间隙值为进气门：0.04～0.09mm，排气门：0.045～0.10mm。超过规定值时，应更换气门或气门导管。

二、相关故障

1．气门密封不严密给发动机造成的影响

（1）发动机动力下降。在压缩行程过程中，进排气门都应完全关闭，只有这样才会使气缸内的气体在被压缩时达到最大压力。如果气门和气门座密封不严，会造成在压缩行程过程中，一些可燃混合气从进气门或排气门渗出，进而造成在压缩行程终了时可燃混合气的最高压力降低，导致气体在燃烧时膨胀功减小，使发动机的动力降低。

（2）发动机油耗增大。在压缩行程过程中，若进气门关闭不严，一些可燃混合气会经进气门从气缸中渗入进气管或空气滤清器。若排气门关闭不严，一些可燃混合气会经排气门从气缸中排入消声器。由于这部分混合气未经做功行程就排入大气中，因而造成燃料浪费，导致耗油量增大。在做功行程过程中，若进气门关闭不严，会造成一些可燃混合气边燃烧边经进气门排入进气管或化油器喉管，造成化油器回火，有时我们在清洗化油器时发现在喉管内有燃烧印痕，这正是上述原因所致；若排气门关闭不严，会造成可燃混合气边燃烧边经排气门排入消声器，排入消声器中的这部分可燃混合气一部分在消声器中燃烧，一部分未经燃烧便经消声器排气孔排入大气中。这就是部分车辆消声器排气孔滴油现象的原因。由于这部分可燃混合气未经过做功行程，所以会造成发动机耗油量大、浪费燃料、污染环境，且在消声器中有杂音。

（3）进排气门关闭不严，会造成高温、高压的可燃混合气冲蚀气门及气门座工作面，使气门及气门座工作面出现麻点、烧蚀。燃烧不完全的混合气会使气门和气门座工作面出现积炭，烧蚀、麻点，积炭又会加速进排气门关闭不严，形成恶性循环，导致发动机动力性、经济性下降。

2．气门与气门座的常见故障

镶有气门座的发动机，在使用过程中会出现气门座松动的现象，如不及时修理将会很快脱落，以致折断气门，顶坏活塞、缸套或气缸盖，甚者造成连杆弯曲、曲轴断裂，在重负荷作业时还会捣坏缸体。

气门座松动一般表现为：加大油门或加大作业负荷时，有严重的气门敲击活塞的声音；排气管出现有规律的间断性冒烟（有时冒白烟，有时冒黑烟）现象；发动机突然出现异响，气缸上部有明显的敲击声，并有“缺缸”和燃烧不良现象，功率下降，严重时不能工作；有窜气现象，严重时从曲轴箱通气孔向外窜气。

气门座松动的原因主要是：磨损严重，下陷量过大，气门座烧损或产生裂纹；缸盖螺栓拧紧力不均匀，高温时骤加冷水，使缸盖变形或产生裂纹；发动机使用时间过长；气门座在缸盖上镶嵌的紧度不够；长期超负荷作业，油温过高，气缸盖热膨胀严重。

判断气门座松动的方法是：小油门时逐缸拧松高压油管，若拧松某缸的高压油管，其冒烟现象消失，并可听到“嚓、嚓”的气流声和气门敲击声，则可判定该缸气门座松动；调好气门间隙后，摇转曲轴复查，气门间隙时大时小，气门在导管内的往复运动有滞涩或发卡现象；各缸压缩力相差悬殊，气门座脱落的气缸压缩力很小或无压力；在压缩过程中，气体冲入空气滤清器，进气歧管有“啪啪”声，发动机着火时，该缸进气歧管比其他缸的热；排气歧管处有“扑扑”响声，发动机着火时，该缸的排气歧管比其他缸的温度低。

防止气门座松动的办法是：不可长时间超负荷运转，也不可缺水运转，发现油温高时，切忌立即添加冷水，以防缸盖骤冷而产生裂纹；组装缸盖与缸体时，必须用力矩扳手按规定顺序分 2～3 次将缸盖螺母均匀拧紧，也不能少装缸盖螺栓；由于气门座常处于高温下工作，更换气门座必须符合技术要求，其与缸盖的过盈配合应符合规定，过紧会胀裂缸盖，过松又容易引起气门座松动。

气门头凹陷与积炭。柴油机工作中，气门头部不仅承受着反复冲击的负荷，而且受到高温、高压燃烧气体的冲刷。气门头和气门座的工作斜面由于受到强烈的化学腐蚀及机械磨损，易出现凹陷和蚀痕，且在气门头部和气门座处形成积炭，排气门和排气门座更为严重。由于这些原因致使气门头凹陷，出现密封不严、气缸压力不足、耗油率增加、冒黑烟、空气滤清器窜气、柴油机启动困难等现象。

气门杆严重磨损。气门杆的磨损多数出现在与气门导管相配合的部位，这是因为气门长期在导管内作高速往复运动，且得不到良好的润滑而形成摩擦磨损。若气门座与导管不同轴时，将会加剧磨损。磨损后气门杆与导管的间隙增大，气门杆在导管内晃动，造成气门漏气和气门的严重偏磨。气门杆端面由于受到摇臂头的频繁撞击，也易磨损。气门杆的锥形环槽与锁瓣贴合不良时，会使气门杆上的锥形环槽磨损，严重时引起锁瓣从环槽中脱出，造成气门掉入气缸中的严重事故。

气门杆弯曲与折断。气门杆弯曲往往是由于杆部受到不应有的作用力所造成。如气门卡死在导管内，气门头与活塞撞击等原因，严重时导致气门杆折断。

气门座圈脱落。有些气门座圈在镶配过程中，由于和座孔的配合紧度不够，固定不牢，往往在工作一段时间后发生松动乃至脱落，使柴油机无法工作。

三、气门油封

一般由外骨架和氟橡胶共同硫化而成，径口部装自紧弹簧或钢丝，用于发动机气门导杆的密封，是油封的一种。

可以防止机油进入进排气管，造成机油流失，防止汽油与空气的混合气体以及排放废气泄漏，防止发动机机油进入燃烧室。气门油封是发动机气门组的重要零件之一，在高温下与汽油和机油相接触。因此需要采用耐热性和耐油性优良的材料，一般为氟橡胶制作。

【课后反思】

气门组拆装检修作业考核表

班级：__________ 姓名：__________ 开始时间：__________ 结束时间：__________

项目		配分	评分标准或要求	违规记录	得分
基本情况评定	工具的选用	6	工具选用不当，发现一次扣 3 分，扣完本分值为止		
	工具的使用	6	工具使用不当，发现一次扣 3 分，扣完本分值为止		
	零部件摆放及工具整理	6	零部件乱摆乱放，除下述另有规定的外，发现一次扣 2 分，扣完 6 分为止		
			发动机安装完毕后，场地未清理干净扣 2 分，工具未整理或整理不当扣 1～2 分		
	三不落地	6	零部件、工具、油料、抹布等落地一次扣 2 分，扣完本分值为止；发现较严重情况的本项不得分		
检修过程评定	气门弹簧检查	20	正确检查弹簧自由长度，8 分		
			正确检查气门弹簧的弯曲变形，8 分		
			结果及处理方式错误扣 4 分		
	气门的检修	20	正确检查气门杆弯曲，否则扣 5 分		
			正确检查气门杆部磨损，否则扣 5 分		
			正确检查气门端部，否则扣 5 分		
			正确修理气门的工作面，否则扣 5 分		
	气门组件的安装	20	清洁气门组件，否则扣 4 分		
			能正确安装气门及气门油封，否则扣 1～8 分		
			正确安装气门弹簧及弹簧座，否则扣 1～8 分		
安全文明生产		8	着装整齐、动作规范、精神饱满、有礼貌，否则扣 1～8 分		
总用时（60 分钟）		8	每超过一分钟扣 4 分，扣完为止		
总配分		100			
考核感悟					

配气正时机构的拆装与检查

【项目教学目标】

1．熟悉 1ZR 发动机配气正时机构的装配关系和运动情况。

2．掌握 1ZR 发动机配气正时机构的拆装要领。

【项目所需器材】

1ZR 发动机、56 件世达工具、扭力扳手、专用工具、游标卡尺、弹簧秤、24mm 扳手、油壶、记号笔、抹布等。

【项目教学内容】

一、准备工作

1．检查整理工具。

2．检查发动机型号及安装状态。

3．检查并调整正时标记。

二、拆装、检查操作

第一步：将 1 号气缸旋转到压缩上止点。

（1）转动曲轴皮带轮，直到其凹槽与正时链条盖上的正时标记“0”对准。

（2）如图 13-1 所示，检查并确认凸轮轴正时齿轮和链轮上的各正时标记和位于 1 号和 2 号轴承盖上的各正时标记对准。如果没有对准，则转动曲轴 1 圈（360°）。

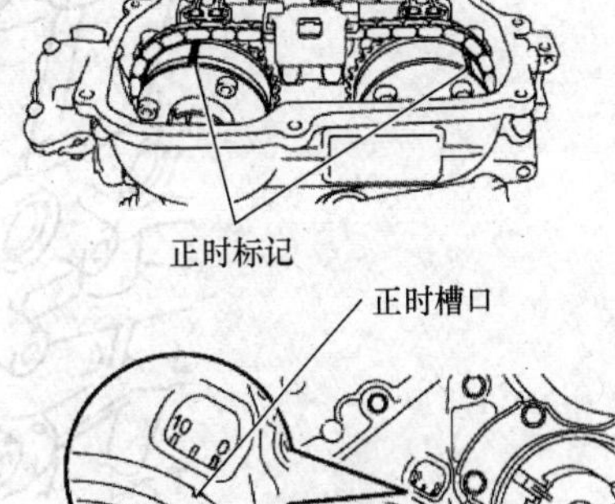

图 13-1　各正时标记对准

第二步：拆卸曲轴皮带轮。

（1）用 SST 固定皮带轮就位并松开皮带轮螺栓，如图 13-2 所示。

安装 SST 时要检查其安装位置，以防止 SST 安装螺栓接触正时链条盖分总成。

（2）用 SST 拆下曲轴皮带轮和皮带轮螺栓，如图 13-3 所示。

如有必要，用 SST 拆下皮带轮和皮带轮螺栓。

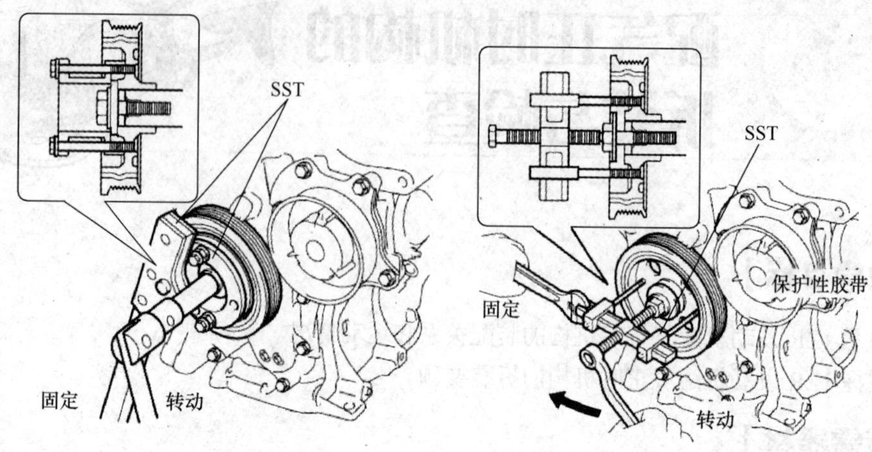

图 13-2　用 SST 固定皮带轮　　　　图 13-3　用 SST 拆下皮带轮

第三步：拆卸 1 号链条张紧器总成。

拆下两个螺母、托架、张紧器和衬垫如图 13-4 所示。

图 13-4　拆卸 1 号链条张紧器总成

注意　不要在不使用链条张紧器的情况下转动曲轴。

第四步：拆卸正时链条盖分总成。

（1）拆下 19 个螺栓。

（2）用螺丝刀撬动正时链条盖和气缸盖或气缸体之间的部位，拆下正时链条盖，如图 13-5 所示。

注意　不要损坏正时链条盖、气缸体和气缸盖的接触面。

提示　使用螺丝刀之前，请在螺丝刀头部缠上胶带。

（3）拆下 3 个“O”形圈，如图 13-5 所示。

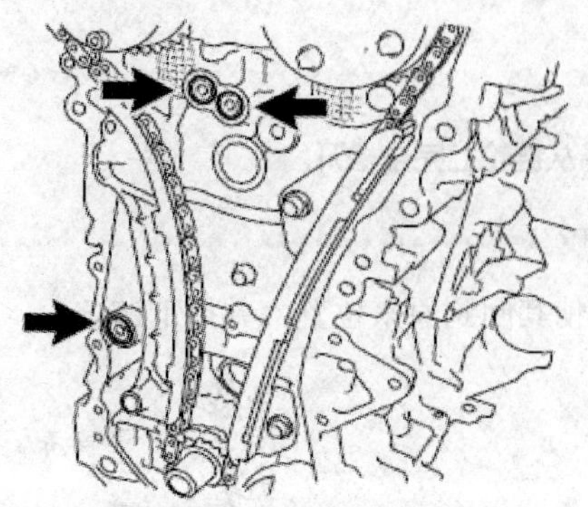

图 13-5　拆下 3 个“O”形圈

第五步：拆卸链条张紧器导板，如图 13-6 所示。

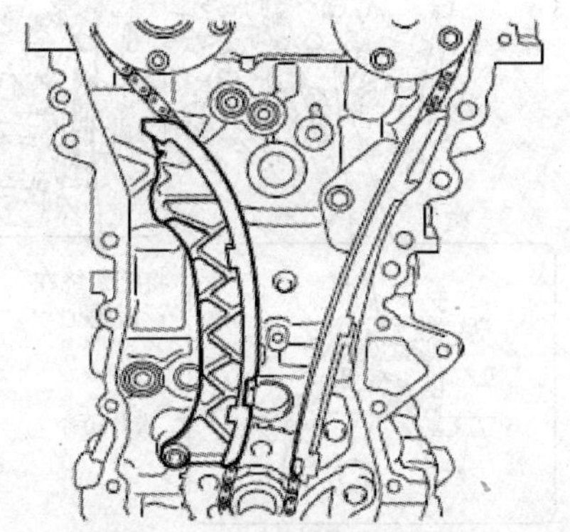

图 13-6　拆卸链条张紧器导板

第六步：拆下两个螺栓和 1 号链条振动阻尼器，如图 13-7 所示。

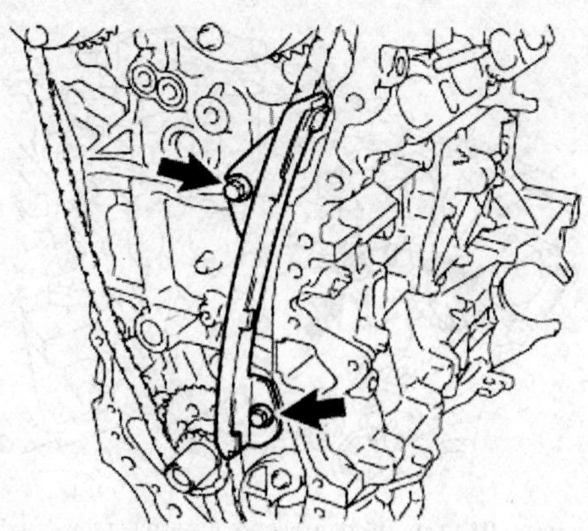

图 13-7　拆 1 号链条振动阻尼器

第七步：拆卸链条分总成，如图 13-8 所示。

（1）用扳手固定住凸轮轴的六角头部分，并逆时针旋转凸轮轴正时齿轮总成，以松开凸轮轴正时齿轮之间的链条。

（2）链条松开时，将链条从凸轮轴正时齿轮总成上松开，并将其放置在凸轮轴正时齿轮总成上。

确保将链条从链轮上完全松开。

（3）顺时针转动凸轮轴，使其回到原来位置，并拆下链条。

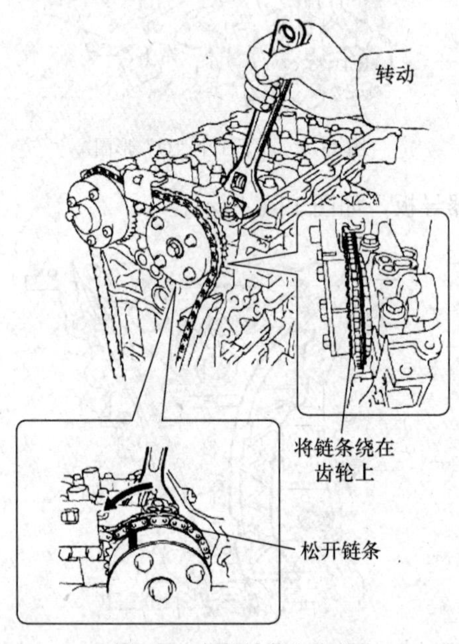

图 13-8　拆卸链条分总成

第八步：拆卸 2 号链条振动阻尼器，如图 13-9 所示。

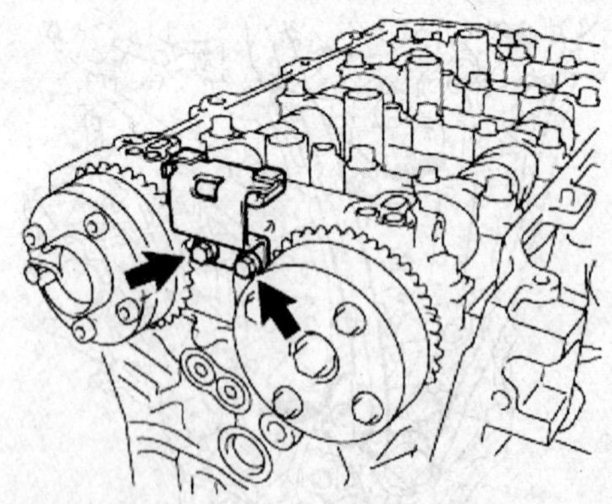

图 13-9　拆卸 2 号链条振动阻尼器

第九步：检查凸轮轴正时齿轮总成

（1）检查凸轮轴正时齿轮的锁止情况。

（2）清理和除去 1 号凸轮轴轴承盖进气侧上的 VVT 机油孔的油脂后，如图所示，用胶带或同等品将机油孔完全密封，以防止空气泄漏。

注意

确保完全密封住机油孔，因为密封不充分导致的空气泄漏会阻碍松开锁销。

（3）如图 13-10 所示，在密封机油孔的胶带上刺一个孔。（程序 A）

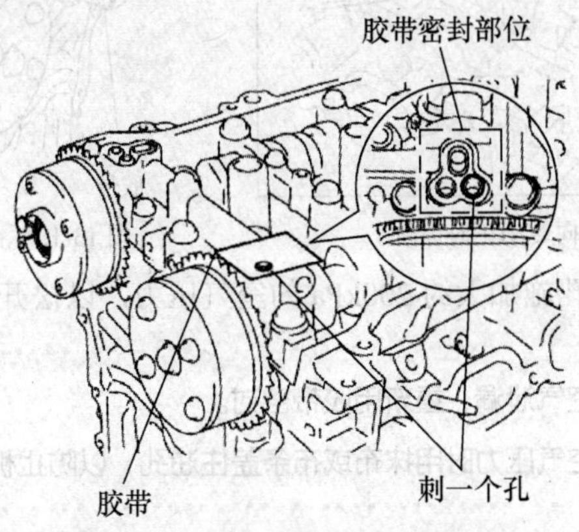

图 13-10　在密封机油孔的胶带上刺孔

（4）向在程序 A 中刺出的孔施加大约 150kPa 的空气压力，以松开锁销。

注意

- 如果空气泄漏，重新用胶带密封。
- 施加空气压力时用抹布或布条盖住油孔口，以防止机油飞溅。

（5）用力将凸轮轴正时齿轮总成朝提前方向（逆时针）转动，如图 13-11 所示。

提示

依靠施加的空气压力，凸轮轴正时齿轮总成可不用手就能朝提前方向转动。

（6）在可移动范围（26.5°～28.5°）内转动凸轮轴正时齿轮总成 2 次或 3 次，但不要将其转到最大延迟位置。确保凸轮轴正时齿轮总成转动顺畅。

（7）从 1 号凸轮轴轴承盖上拆下胶带。

第十步：检查排气凸轮轴正时齿轮总成。

（1）检查排气凸轮轴正时齿轮的锁止情况。

（2）清理和除去 1 号凸轮轴轴承盖排气侧上的 VVT 机油孔的油脂后，用胶带或同等品将机油孔完全密封，以防止空气泄漏。

注意

确保完全密封住机油孔，因为密封不充分导致的空气泄漏会阻碍松开锁销。

（3）如图 13-12 所示，在密封机油孔的胶带上刺一个孔。（程序 B）

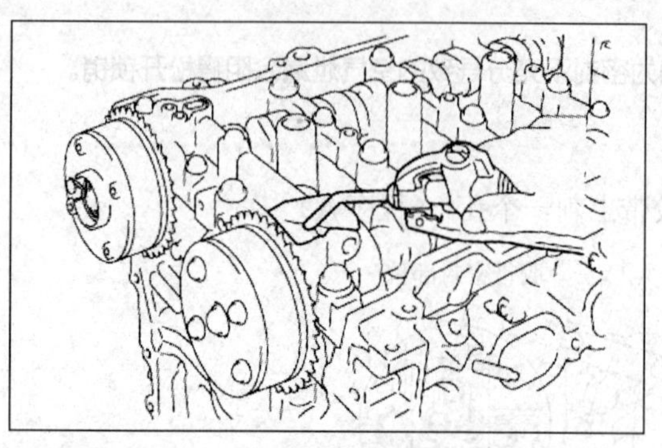
图 13-11　朝提前方向转动正时齿轮

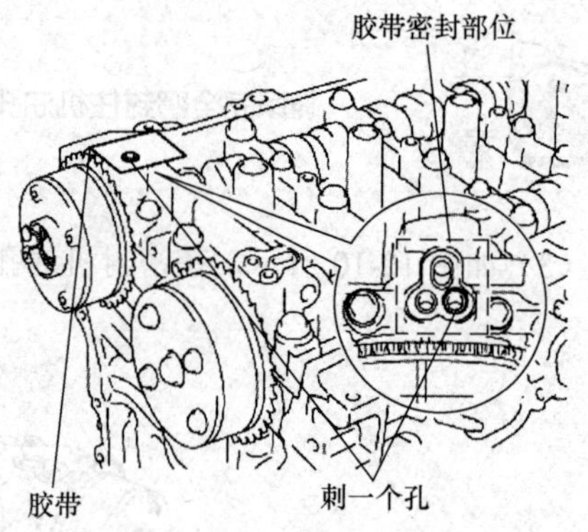

图 13-12　在密封机油孔的胶带上刺一个孔

（4）向程序 B 中刺出的孔施加大约 200kPa 的空气压力，以松开锁销，如图 3-13 所示。

注意

① 如果空气泄漏，重新用胶带密封。

② 施加空气压力时用抹布或布条盖住油孔，以防止机油飞溅。

（5）使用头部缠有胶带的螺丝刀，用力朝延迟方向（顺时针）转动排气凸轮轴正时齿轮。

注意

- 用螺丝刀确保排气凸轮轴正时齿轮保持在延迟方向。如果齿轮松开，它将在弹簧的作用力下自动回到最大提前位置。
- 不要损坏排气凸轮轴正时齿轮。

（6）使用头部包有胶带的螺丝刀，在可移动范围（19°～21°）内转动排气凸轮轴正时齿轮 2 或 3 次，但不要将其转到最大提前位置。确保排气凸轮轴正时齿轮转动顺畅，如图 13-14 所示。

（7）从 1 号凸轮轴轴承盖上拆下胶带。

图 13-13　施加空气压力松开锁销

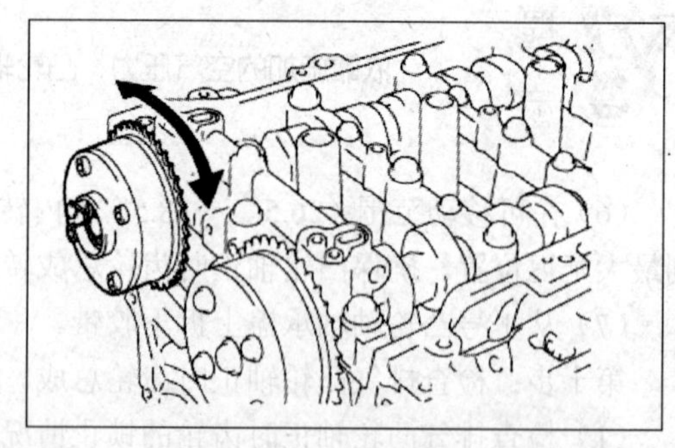
图 13-14　在可移动范围内转动排气凸轮轴正时齿轮

第十一步：检查链条分总成。

（1）如图 13-15 所示，用 147 N 的力拉链条。

（2）用游标卡尺测量 15 个链节的长度。最大链条伸长率：115.2 mm。

注意

在任意 3 个位置进行测量。使用测量值的平均值。

如果平均伸长率大于最大值，则更换链条。

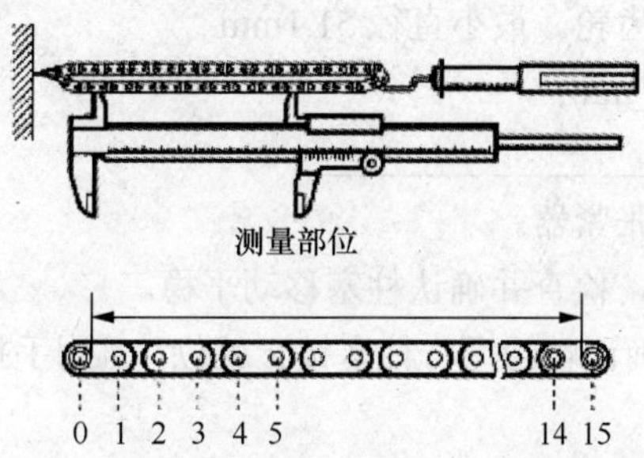

图 13-15　用油标卡尺测量 15 个链节的长度

请记录：

测量值：1．________mm；2．________mm；3．________mm。

平均值：______________；

结果判断：______________________________。

第十二步：检查进气凸轮轴正时齿轮总成。

（1）将链条绕在齿轮上。

（2）用游标卡尺测量齿轮和链条的直径，如图 13-16 所示。最小齿轮直径（带链条）：96.8mm。如果直径小于最小值，则更换链条和齿轮。

测量时，游标卡尺的卡钳必须与链轮接触。

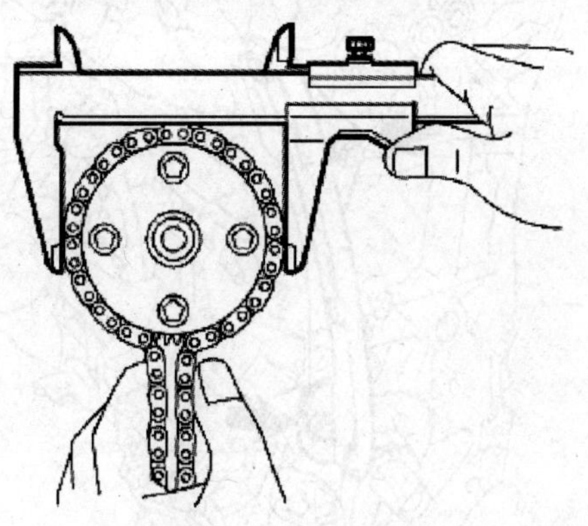

图 13-16　用游标卡尺测量齿轮和链条的直径

请记录：

测量值：________mm；

结果判断：______________________________。

第十三步：检查排气凸轮轴正时齿轮总成。最小直径 96.8mm

请记录：

测量值：________mm；

结果判断：______________________________。

第十四步：检查曲轴正时齿轮。最小直径 51.1mm

请记录：测量值：________mm；

结果判断：______________________________。

第十五步：检查 1 号链条张紧器。

（1）用手指提起棘轮爪时，检查并确认柱塞移动平稳。

（2）松开棘轮爪，检查并确认棘轮爪将柱塞锁止就位，且用手指推时不发生移动，如图 13-17 所示。

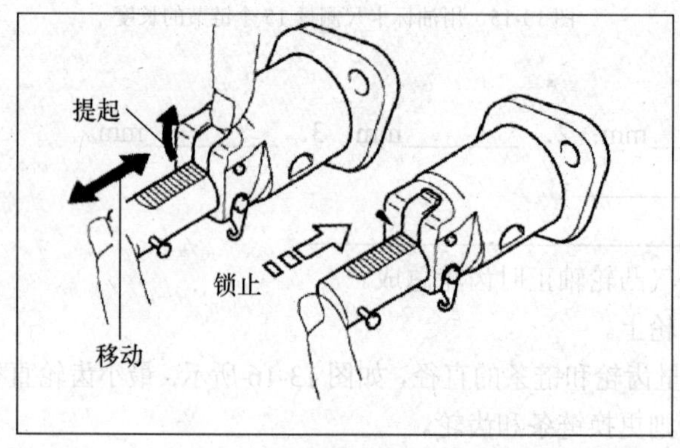

图 13-17　检查 1 号链轮张紧器

第十六步：安装 1 号链条振动阻尼器。用两个螺栓安装 1 号链条振动阻尼器，如图 13-18 所示。扭矩为 21N • m。

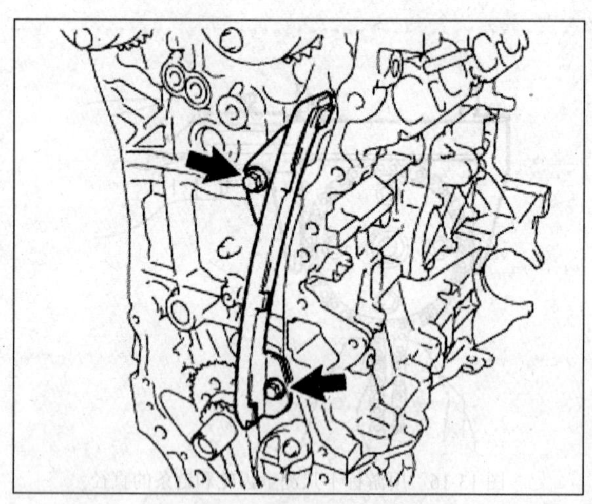

图 13-18　安装 1 号链条振动阻尼器

第十七步：安装 2 号链条振动阻尼器。用两个螺栓安装 2 号链条振动阻尼器，如图 13-19 所示。扭矩为 10 N • m。

第十八步：安装链条分总成。

（1）检查 1 号气缸 TDC/压缩。

（2）暂时紧固曲轴皮带轮螺栓。

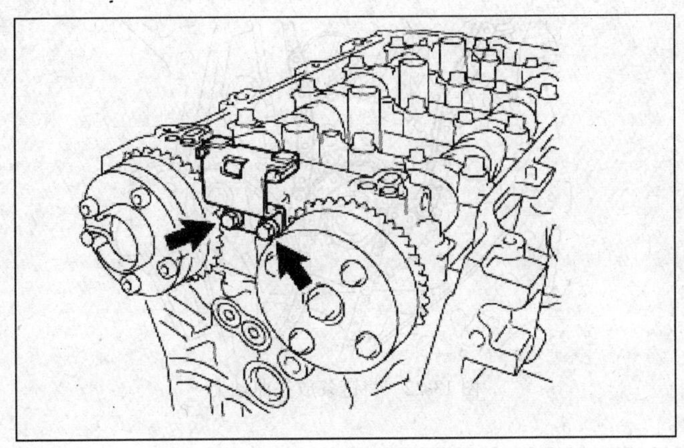

图 13-19 安装 2 号链条振动阻尼器

（3）逆时针转动曲轴，以使正时齿轮键位于顶部，如图 13-20 所示。

（4）拆下曲轴皮带轮螺栓。

（5）检查每个凸轮轴正时齿轮上的正时标记。

（6）如图 13-21 所示，将标记板（橙色）和正时标记对准并安装链条。

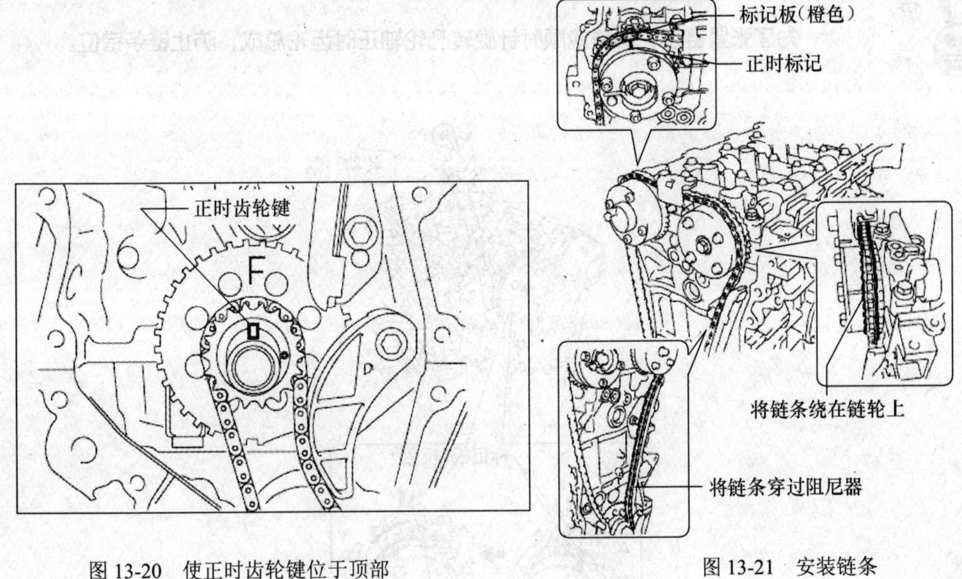

图 13-20 使正时齿轮键位于顶部

图 13-21 安装链条

提示

- 确保使标记板位于发动机前侧。
- 凸轮轴侧的标记板为橙色。
- 不要使链条缠绕在凸轮轴正时齿轮总成的链轮周围。只可将其放置在链轮上。
- 将链条穿过 1 号振动阻尼器。（见图 13-21）

（7）将链条放在曲轴上，但不要使其缠绕在曲轴周围，如图 13-22 所示。

（8）用扳手固定住凸轮轴的六角头部分，并逆时针旋转凸轮轴正时齿轮总成，以使标记板（橙色）和正时标记对准。

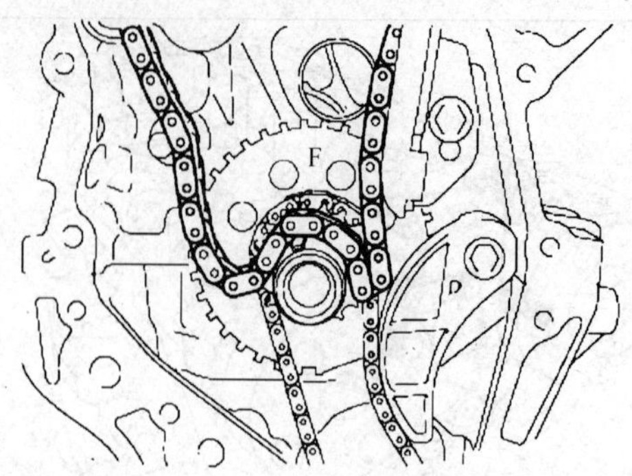

图 13-22　将链条放在曲轴上

提示

- 确保使标记板位于发动机前侧。
- 凸轮轴侧的标记板为橙色。

（9）用扳手固定住凸轮轴的六角头部分，并顺时针旋转凸轮轴正时齿轮总成，如图 13-23 所示。

提示

为了张紧链条，缓慢地顺时针旋转凸轮轴正时齿轮总成，防止链条错位。

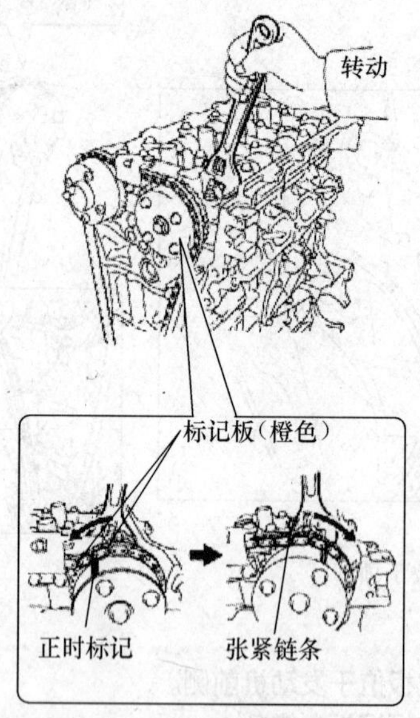

图 13-23　张紧链条

（10）将标记板（橙色）和正时标记对准，并将链条安装至曲轴正时齿轮。

提示

曲轴侧的标记板为黄色。

（11）在 TDC/压缩时，重新检查每个正时标记，如图 13-24 所示。

第十九步：安装链条张紧器导板，如图 13-25 所示。

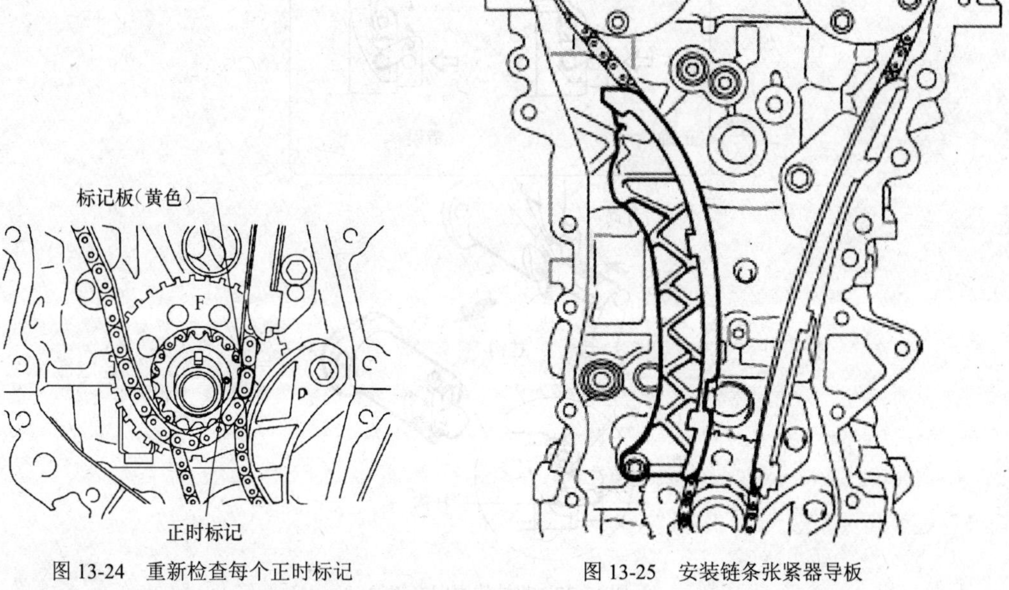

图 13-24 重新检查每个正时标记

图 13-25 安装链条张紧器导板

第二十步：安装正时链条盖分总成，如图 13-26 所示。

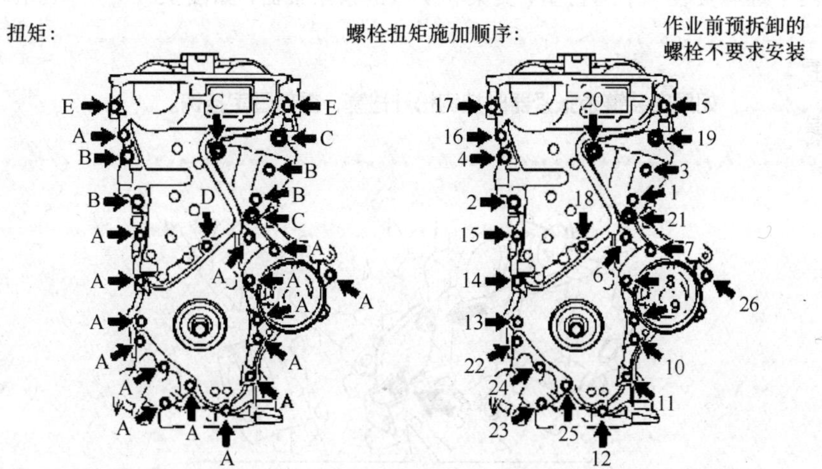

图 13-26 安装正时链条盖分总成

扭矩：螺栓 A、E：26 N・m；螺栓 B：51 N・m；螺栓 C：51 N・m；螺栓 D：10 N・m。

第二十一步：安装 1 号链条张紧器总成。

（1）松开棘轮爪，然后完全推入柱塞，将挂钩固定在销上以使柱塞位于图示位置，如图 13-27 所示。

确保凸轮固定在柱塞的第一个齿上，使挂钩穿过销。

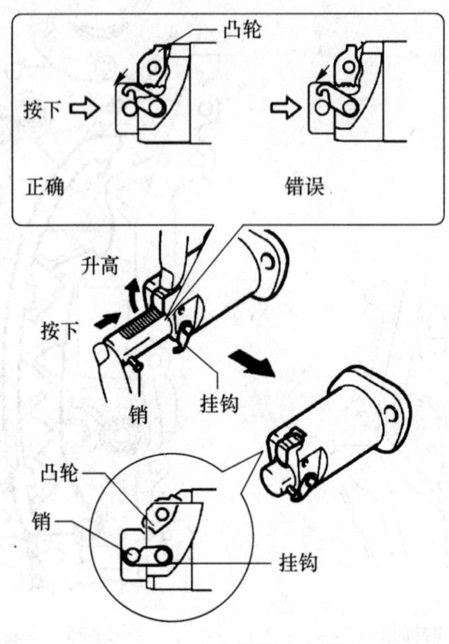

图 13-27　将挂钩固定在销上

（2）用两个螺母安装一个新衬垫、支架和 1 号链条张紧器，如图 13-28 所示。扭矩为 10N·m。

如果安装链条张紧器时挂钩松开柱塞，重新固定挂钩。

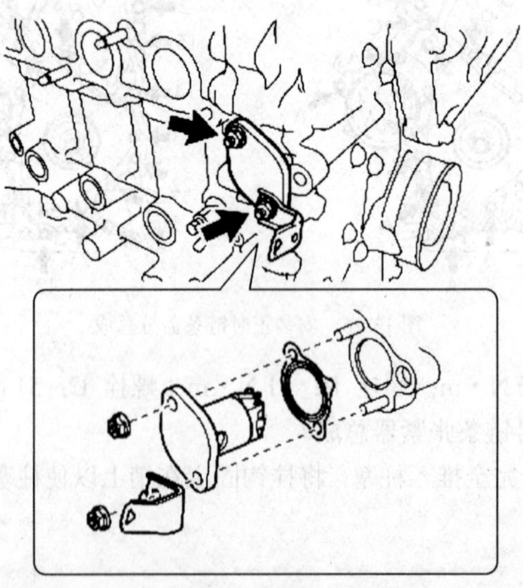

图 13-28　安装新衬垫、支架和 1 号链条张紧器

（3）逆时针转动曲轴，然后从挂钩上断开柱塞锁销，如图 13-29 所示。

（4）顺时针转动曲轴，然后检查并确认柱塞伸出。

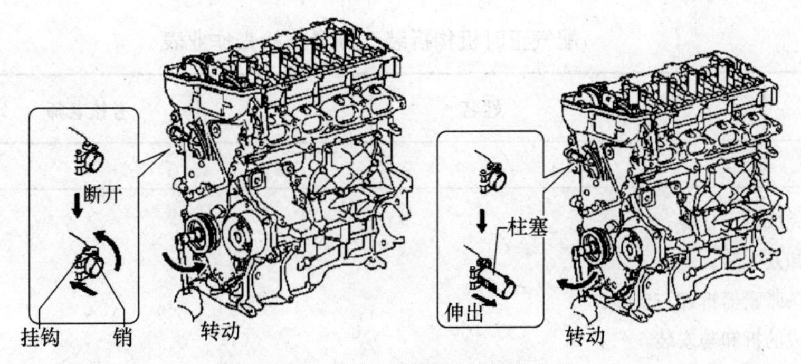

图 13-29 安装 1 号链条张紧器总成

第二十二步：安装曲轴皮带轮。

（1）将曲轴皮带轮定位键对准皮带轮上的键槽。

（2）用 SST 固定皮带轮就位并拧紧螺栓，如图 13-30 所示。扭矩：190 N • m

注意

安装 SST 时要检查其安装位置，以防止 SST 安装螺栓接触正时链条盖分总成。

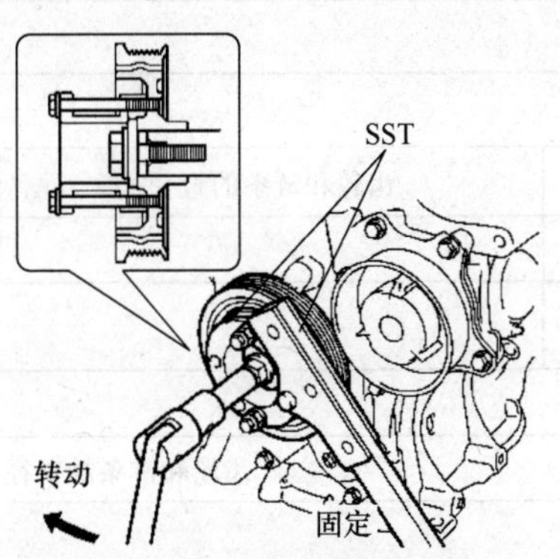

图 13-30 安装曲轴皮带轮

第二十三步：将 1 号气缸设置到 TDC/压缩。

（1）转动曲轴皮带轮，直到其凹槽与正时链条盖上的正时标记“0”对准。

（2）如图所示，检查并确认凸轮轴正时齿轮和链轮上的各正时标记和位于 1 号和 2 号轴承盖上的各正时标记对准。如果没有对准，则转动曲轴 1 圈（360°），如上所述对准正时标记。

【课后反思】

配气正时机构拆装、测量与检查作业表

班级		姓名		考核老师	

一、作业内容

按作业规范要求完成以下任务。

◆曲轴皮带盘拆卸及安装。

◆正时链盖及链条张紧器拆卸与安装。

◆正时链条分总成的拆卸与安装。

◆对正时链条分总成、进排气凸轮轴正时齿轮和曲轴正时齿轮的磨损状态进行检查。

◆检查 1 号链条张紧器。

◆检查进、排气凸轮轴正时齿轮总成（VVT-i 执行器）动作状态。

二、作业记录单

1．正时链条分总成检查（1 号链条）

项目	链条伸长率		
测量值	①	②	③
结果判断及处理			

2．进、排凸轮轴正时齿轮检查

项目	齿轮和链条的直径	链轮和链条的直径
测量值		
结果判断及处理		

3．曲轴正时齿轮检查

项目	齿轮和链条的直径
测量值	
结果判断及处理	

项目十四 发动机气门间隙的检查与调整

【项目教学目标】

1．掌握气门间隙的检查与调整方法。

2．掌握气门间隙及配气相位图。

3．能按正确的操作步骤进行气门间隙的检查与调整。

4．养成认真、扎实、细致的工作作风。

【项目所需器材】

气缸体、摇臂手柄、扳手、螺丝刀等。

【项目教学内容】

一、气门间隙的检查

1．检查前确定点火顺序：□1-3-4-2　　□1-2-4-3

2．摇转曲轴，使被检查气门处于完全关闭状态。

思考：为什么要处于完全关闭状态？

____

____。

3．用符合气门间隙值的塞尺尺片插入气门杆尾部与气门摇臂之间，来回抽动塞尺检查，以抽动时稍有阻力为合适。

检测的气门为：□进气门　□排气门

所用尺片的厚度为________________mm；标准值为__________________________mm；

结果判断：____。

二、气门间隙的调整

1．逐缸调整法

（1）找到点火正时的标记。

（2）确定1缸在压缩行程上止点位置。

思考：确定一缸压缩行程上止点的方法有哪些？

____

____。

（3）旋松1缸进排气门调整螺钉的锁紧螺母，并旋松调整螺钉。

（4）选择合适的塞尺尺片，插入气门杆尾部与气门摇臂之间，边旋紧调整螺钉，边抽动塞尺尺片，直至拉动尺片感觉稍有阻力为止。

选取的塞尺尺片厚度为__________mm。

（5）固定住调整螺钉不动，拧紧锁止螺母，并复检。

（6）用手柄转动曲轴 180°，按照发动机工作顺序，调整第____缸进、排气门间隙，使之符合技术要求。

（7）按照上述方法依次调整 4 缸和 2 缸气门间隙。

（8）对所有气门进行复检。

2．两次调整——“双排不进”法

（1）找到点火正时标记。

（2）旋转曲轴使 1 缸活塞处于压缩行程上止点，按照“双—排—不—进”原则及点火顺序判断可调气门，填入表 14-1 中。

表 14-1　气缸工作顺序（1）

气缸工作顺序	各缸可调气门（第一次）			
	双	排	不	进
□1-3-4-2				
□1-2-4-3				
□1-5-3-6-2-4				
□1-4-2-6-3-5				

（3）旋松上面确定的可调气门调整螺钉的锁紧螺母，并旋松调整螺钉。

（4）选择合适的塞尺尺片，插入气门杆尾部与气门摇臂之间，边旋紧调整螺钉，边抽动塞尺尺片，直至拉动尺片感觉稍有阻力为止。

选取的塞尺尺片厚度为__________mm。

（5）固定住调整螺钉不动，拧紧锁止螺母，并复检。

（6）转动曲轴 360°，检查并调整剩余气门的间隙，填入表 14-2 中。

表 14-2　气缸工作顺序（2）

气缸工作顺序	各缸可调气门（第二次）			
	双	排	不	进
□1-3-4-2				
□1-2-4-3				
□1-5-3-6-2-4				
□1-4-2-6-3-5				

（7）对所有气门进行复检。

【知识拓展】

气门间隙通常是发动机处于冷态时，在气门脚及其传动机构中留有适当的间隙，以补偿气门受热后的膨胀量，这一预留间隙称为气门间隙。一般排气门的气门间隙要略大于进气门的气门间隙。

间隙过小，发动机在热态下由于气门杆膨胀可能会造成气门漏气，导致功率下降，甚至烧坏气门；间隙过大，传动零件之间以及气门与气门座之间容易产生冲撞，同时使气门开启的持续时间减少，进气和排气不充分，也会直接影响发动机的正常工作。

找上止点位置：①根据飞轮上的标记；②根据三角皮带上的特殊记号；③拆下气门室罩，用手柄转动曲轴或撬动飞轮，观察每个气门的开关即可判断；④根据缸压传感器，如果压力处于某个范围也可判断（具体的内燃机有具体的要求）；⑤观察配气凸轮轴上的凸轮的运动，如果是在基圆最平缓的位置，说明处于上止点（此种方法不实用）。

压缩上止点：①可以打开分电器盖并确定各缸高压分线的位置，摇转曲轴，当分火头指向该缸分线位置时，触点张开的瞬间位置，则该缸处于压缩行程的上止点位置；②气门摇臂轴摇不动时，则该缸处于压缩行程的上止点位置。

【课后反思】

气门间隙调整项目考核记录

班级：________ 姓名：________ 开始时间：________ 结束时间：________

项目		配分	评分标准或要求	违规记录	得分
基本情况评定	工具的选用	6	工具选用不当，发现一次扣 3 分，扣完本分值为止		
	工具的使用	6	工具使用不当，发现一次扣 3 分，扣完本分值为止		
	零部件摆放及工具整理	6	零部件乱摆乱放，除下述另有规定的外，发现一次扣 2 分，扣完 6 分为止		
			发动机安装完毕后，场地未清理干净扣 2 分，工具未整理或整理不当扣 1～2 分		
	三不落地	6	零部件、工具、油料、抹布等落地一次扣 2 分，扣完本分值为止；发现较严重情况的本项不得分		
检测调整过程评定	逐缸调整法	30	准确判断一缸压缩上止点，否则扣 10 分		
			正确判断气门可调的气缸，否则扣 5 分		
			正确熟练操作，占 10 分		
			不能正确复检扣 5 分		
	二次调整法	30	准确判断一缸压缩上止点，否则扣 5 分		
			正确判断各缸可调气门，否则扣 10 分		
			正确熟练操作，占 10 分		
			不能正确复检扣 5 分		
安全文明生产		8	着装整齐、动作规范、精神饱满、有礼貌，否则扣 1～8 分		
总用时（30 分钟）		8	每超过一分钟扣 4 分，扣完为止		
总配分		100			
考核感悟					

发动机气门与气门座圈的检修

【项目教学目标】

1．掌握气门组的结构。

2．掌握气门座圈的铰削、研磨工艺以及气门与座圈的密封性检查方法。

3．了解气门弯曲变形及磨损的检验方法。

4．能按正确的操作步骤进行配气机构的拆卸。

5．熟练进行气门座圈的铰削、研磨以及气门与座圈的密封性检查。

6．会进行气门弯曲变形及磨损的检验。

7．培养学生任劳任怨的工作态度。

【项目所需器材】

配气机构完整的桑塔纳轿车发动机、气门修磨机、气门座圈铰刀、检测平台、量程为 0～25mm 的外径千分尺、带表架的百分表、V 形铁（与气门相适用）、足量研磨膏。

【项目教学内容】

一、气门的检修

1．外观检验

观察气门：☐裂纹　☐破损　☐严重烧蚀　☐其他损伤

处理方法：____

2．气门杆弯曲和气门头部歪斜的检验

气门杆弯曲变形检验如图 15-1 所示。

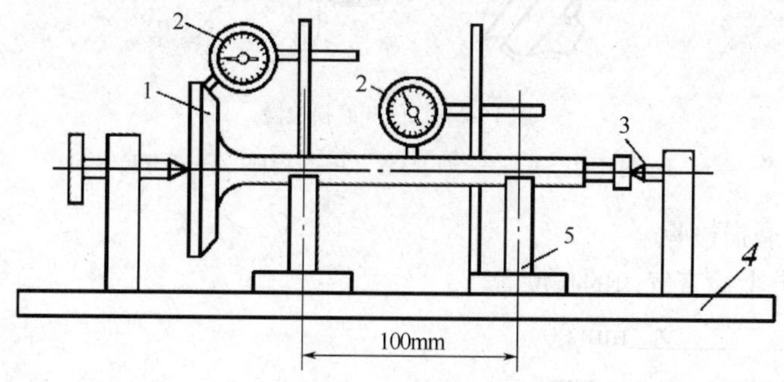

图 15-1　气门杆弯曲变形检验

1—气门　2—百分表　3—顶尖　4—平板　5—V 形块

（1）将气门支承在两块距离为 100mm 的 V 形铁上，用百分表触头测量气门杆中部的弯曲度。

气门旋转一周，百分表上最大与最小读数之差的二分之一为直线度误差。

最大读数：____________mm；最小读数：____________mm；

直线度误差：____________mm。

标准值为______________mm。

处理方法：□更换　　□继续使用

（2）在气门头部，工作锥面用百分表测量。转动气门头部一圈，百分表上最大读数与最小读数之差的二分之一为倾斜度误差。

最大读数：____________mm；最小读数：____________mm；

倾斜度误差：____________mm。

标准值为______________mm。

处理方法：□更换　　□继续使用

3．气门杆磨损检验

如图 15-2 所示，用外径千分尺对气门杆直径进行测量。

测量值为：①___________mm；

②___________mm；

③___________mm。

处理方法：□更换　　□继续使用

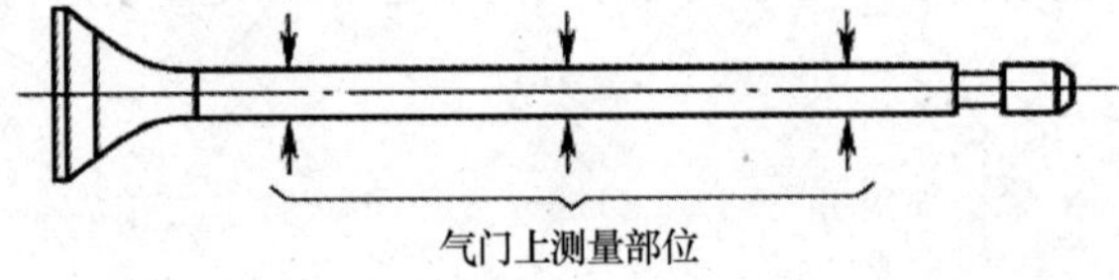

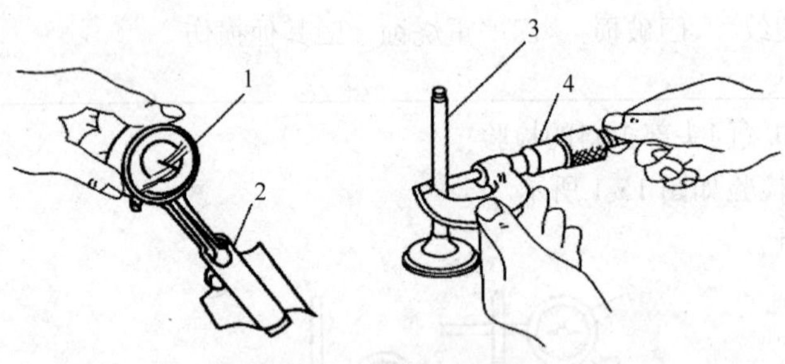

图 15-2　气门杆磨损检验

1—内径百分表　2—气门导管　3—气门杆　4—千分尺

4．气门杆端面磨损检验

用钢直尺在平台上检查气门的长度。

测量值为______________mm。

标准长度为______________mm。

计算磨损量：______________mm。

结果判断及处理：____

____

5．气门工作面磨损检验

气门头部工作面若有斑点、严重烧蚀等，可用气门光磨机修磨。

6．气门的修磨

修磨气门通常在气门光磨机上进行。

（1）气门光磨后，气门头最小边缘厚度，进气门、排气门不得小于0.50mm，否则应更换气门。

（2）修磨后，气门工作锥面对气门杆轴线的斜向圆跳动应不大于0.03mm，否则予以更换。

二、气门座圈的检修

将气门座圈清理干净并检查工作面。气门座圈工作面磨损变宽超过1.4mm，工作面烧蚀出现斑点、凹陷时，应进行铰削与修磨。

1．气门座圈的铰削

（1）如图15-3所示，根据气门直径选用合适的气门座铰刀，根据气门导管内径选择合适的铰杠，并插入气门导管内，以无明显旷动为宜。

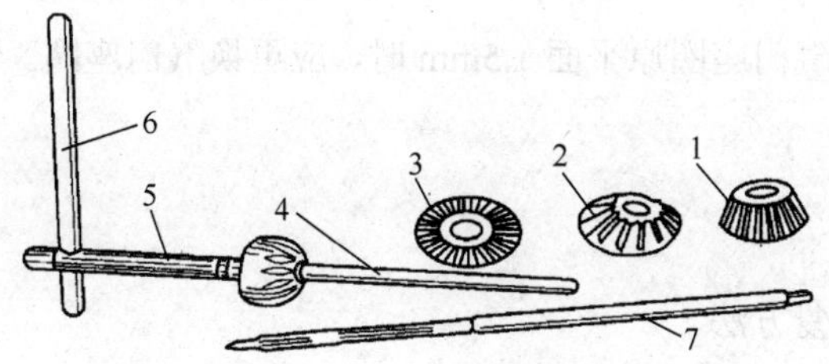

图15-3　气门座铰刀和铰杠

1、2、3—铰刀　4—导管　5、6—铰杠　7—导管铰刀

（2）用砂布垫在铰刀表面，砂磨气门座圈工作表面的硬化层。

（3）用与气门工作面锥角相同的铰刀铰削工作锥面，直到将烧蚀、斑点等铰除为止。

（4）在新气门或修磨过的气门锥面上涂一层红丹油，检查接触面的位置，应在气门锥面的中下部，宽度为1.0～1.4mm。

（5）如果接触面偏上，则应用30°铰刀铰削，使接触面下移；如果接触面偏下，则应用75°铰刀铰削，使接触面上移。

（6）用45°细铰刀，或铰刀下面垫上细砂布铰磨，以降低接触表面粗糙度。

2. 气门的研磨

如气门与气门座圈配合不严密，可对气门进行研磨。气门的研磨步骤如下。

（1）清洗气门座、气门及气门导管，并在气门顶部做出标记。

（2）在气门工作面上涂以薄层研磨砂，气门杆上涂以清洁机油，插入气门导管内。

（3）变换气门与座圈的位置，正确研磨。粗研后，接触环带应整齐、无斑痕、无麻点状。

（4）粗研完毕清洗各部位，用细研磨砂研磨，直到工作面出现一条灰色无光的环带为止。

3. 气门与气门座圈密封性检查

（1）检查前，将气门与气门座圈清洗干净，在气门锥面上用软铅笔沿轴向均匀地划上若干条线，然后与气门座圈接触，如图15-4所示。略压紧并转动气门90°，取出气门，检查铅笔线是否被切断。

结果及判断：______________________________。

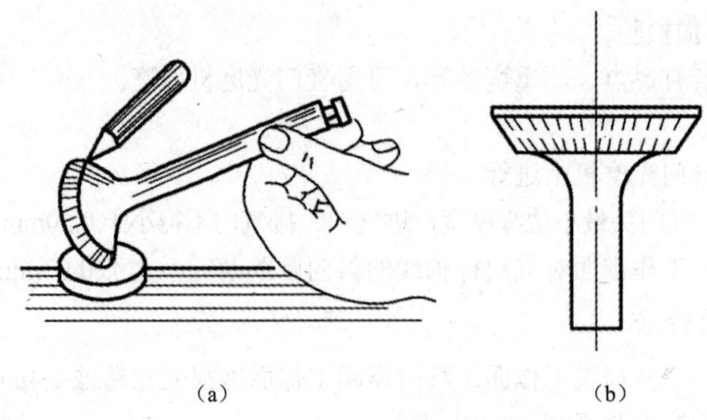

图 15-4　气门与气门座圈密封性检查

（2）将气缸盖倒放在检测平台上，并装上与待检测气缸同一缸的气门和火花塞。向燃烧室注入煤油或汽油，5min 内气门与座圈接触处应无渗漏现象。

4．气门座圈的镶配

气门座圈工作面低于气门座圈原平面 1.5mm 时，应更换气门座圈。气门座圈修磨前，应确定其最大允许修磨尺寸。

【知识拓展】

发动机气门座圈的修复方法

发动机气门座使用一定时间后，常常会出现不同程度的磨损失效。在维修气门座的过程中，应根据气门座不同的磨损情况选择不同的维修方法，以降低维修成本。

1．研磨法

当气门座密封锥面仅有宽度未超过 2.5mm 的轻微磨损，或仅有少量较浅的麻点及蚀痕时，可采用气门与气门座相互配对研磨的办法来消除缺陷，恢复气密性。研磨的方法分手工研磨和机器研磨两种。手工研磨一般以气门作为工具。具体做法为：先在气门的密封锥面上均匀地抹上一层薄薄的研磨膏（又称阀尔沙），并将气门插入气门导管孔中，然后用力使气门紧贴气门座的密封锥面来回转动，必要时也可使气门上下运动轻轻敲击气门座。当气门座与气门研磨面上都出现一条完整而连续的暗灰色环带时，可对气门及座圈进行气密性检查，如不合格，则继续研磨直至合格为止。整个研磨过程按先粗磨后精磨的顺序进行。

为保证研磨质量，在研磨过程中还应注意以下几点。

（1）研磨前应清除气门座、气门及气门导管上的积炭及油污。

（2）整个研磨过程均以气门导管孔作为定位基准。当气门导管孔磨损过大时，需要更换新的气门导管，此时一般不单独采用研磨法来修复气门座。

（3）防止研磨膏掉入气门导管孔内，以免研磨过程中造成气门导管孔磨损。

（4）已与气门座配对研磨好的气门不能与其他气门对调装配。

（5）研磨结束后必须清洗干净汽缸盖上的研磨膏。

（6）研磨过程中应经常检查研磨效果，以免研磨时间过长，造成密封锥面过宽。

（7）用气门敲击气门座时不能用力过猛，以免造成密封锥面凹陷。

2．铰削法

当气门座密封锥面严重磨损，宽度显著增加，或烧蚀严重时，可用铰刀对气门座进行铰削来恢复气密性。发动机的进、排气门与气门座的密封锥角基本上都是 45°，因此可采用 45°、15°和 75°三种铰刀铰削气门座来恢复气密性，其中，45°铰刀又分为粗刃和细刃两种。铰削前应根据气门座及气门导管孔的尺寸选择合适的铰刀及刀杆。如果气门导管孔磨损严重，则需要更换新的气门导管后，再铰削气门座。45°铰刀铰削过程如下。

（1）用 45°粗刃铰刀对气门座进行粗铰。由于气门座存在硬层，在铰削时铰刀可能会打滑。此时可用粗砂布垫在铰刀下面对密封锥面砂磨后再铰。

（2）当密封锥面过宽时，可用 15°或 75°铰刀铰削气门座来调整密封锥面宽度及位置。气门座密封锥面的宽窄直接影响气门的使用寿命。若密封锥面过宽,单位密封锥面上的压力减小，降低硬化层的形成能力，导致气门座耐磨性降低。若密封锥面过窄，则气门与气门座的接触面容易磨出沟槽，且气门头散热能力差，容易导致气门烧蚀。

（3）用 45°细刃铰刀对气门座密封锥面进行精铰。为改善密封锥面的质量和光洁度，可在铰刀下垫抛光砂布光磨密封锥面。

在铰削过程中，应注意以下几点。

（1）铰削时铰刀刀杆应与汽缸盖底平面垂直，并且用力要均匀、平稳，不得倒退，直到将烧蚀、斑点等缺陷铰去为止。

（2）在确保能够消除凹陷、斑点以及能铰出完整密封锥面的前提下，对气门座铰削量越小越好。

（3）气门座铰削到气门装入气门座内后，密封锥面位于气门工作面的中下部且宽度在 1.2～2.5mm 为宜。

（4）为保证气门杆与气门导管合理的配合间隙，延长气门导管使用寿命，更换气门座时一般都需要更换气门导管，并且用专用复合刀具同时铰削气门座锥面与气门导管孔。

（5）对气门座的铰削，应在保证气门下沉量满足要求的前提下进行。

3．镶嵌气门座圈

当气门座密封锥面的缺陷不能通过研磨或铰削方式来直接修复时，则可通过镶嵌气门座圈，然后再铰削气门座圈密封锥面来恢复气密性。对于直接从气缸盖上加工出来的气门座，可切削气门座后镶嵌一定尺寸的气门座圈。对于原来镶有气门座圈的气缸盖，可拆掉气门座圈后，按原尺寸镶配气门座圈，也可适当扩大气门座圈底孔尺寸后，镶配相应加大外径尺寸的气门座圈。镶配气门座圈时，可先将气门座圈用液氮冷却 5～10min，然后快速压入汽缸盖内，或者加热气缸盖后快速压入气门座圈。不宜将常温下的气门座圈直接压入汽缸盖内，否则会损坏气门座圈，拉伤气门座圈底孔，同时压入的气门座圈也易脱落。此外，为保障汽缸盖的可靠性，不可随意扩大气门座圈底孔尺寸后重镶气门座圈。

【课后反思】

发动机气门与气门座圈的检修作业考核表

班级：__________ 姓名：__________ 开始时间：__________ 结束时间：__________

项目		配分	评分标准或要求	违规记录	得分
基本情况评定	工具的选用	6	工具选用不当，发现一次扣3分，扣完本分值为止		
	工具的使用	6	工具使用不当，发现一次扣3分，扣完本分值为止		
	零部件摆放及工具整理	6	零部件乱摆乱放，除下述另有规定的外，发现一次扣2分，扣完6分为止		
			发动机安装完毕后，场地未清理干净扣2分，工具未整理或整理不当扣1～2分		
	三不落地	6	零部件、工具、油料、抹布等落地一次扣2分，扣完本分值为止；发现较严重情况的本项不得分		
检修过程评定	气门的检修	35	外观检查，判断正确,占5分		
			气门杆弯曲和气门头部歪斜的检验正确，占5分		
			正确进行气门杆磨损检验，占5分		
			正确进行气门杆端面磨损的检验，占5分		
			正确进行气门工作面磨损的检验，占10分		
			正确进行气门的修磨，占5分		
	气门座圈的检修	25	正确进行气门座圈的铰削，占5分		
			正确进行气门的研磨，占10分		
			正确检查气门与气门座圈的密封性，占5分		
			正确进行气门座圈的镶配，占5分		
安全文明生产		8	着装整齐、动作规范、精神饱满、有礼貌，否则扣1～8分		
总用时（60分钟）		8	每超过一分钟扣4分，扣完为止		
总配分		100		总得分	
考核感悟					

发动机冷却系的检修

【项目教学目标】

1．掌握冷却系统的作用、组成、类型及工作原理。

2．了解冷却系的拆、装方法。

3．能够熟练按照工艺要求进行冷却系的拆、装。

【项目所需器材】

丰田轿车发动机及水泵、节温器、相关挂图或图册、常用工量具、专用拉器、压器、水温计、加热装置等。

【项目教学内容】

一、丰田轿车发动机冷却系拆卸

1．冷却液的排放

将仪表板的暖风开关拨至右端，将暖风控制阀全开；拧下冷却液膨胀水箱盖；松开水管的卡箍，拉倒冷却液软管放出冷却液，用容器收集，以便今后使用。

思考：该注意哪些事项？

____

____。

2．散热器总成的拆卸

从散热器上拆下冷却液上、下水管，与膨胀水箱的连接管，最后取下散热器总成。

3．散热器总成的分解

旋下螺栓，取下风扇及风扇罩。旋下螺母，从风扇罩上取下风扇及电动机，从散热器上旋下风扇电动机热敏开关及“O”形圈。

4．水泵总成的拆卸

从水泵上取下水循环管、换热器回水管、冷却液下水管，取下水泵传动带，拆下水泵总成。

5．水泵总成的分解

取下水泵带轮，旋下螺栓，取下水泵和衬垫，取下节温器盖、节温器“O”形圈和节温器。

6．节温器的检查

该节温器的类型为________________。

将节温器置于热水中，观察温度变化时节温器的动作。

温度为80℃～84℃，阀门：□关闭　□开始打开　□完全打开

温度达95℃时，阀门：□关闭　□开始打开　□完全打开

升程为________mm。

7．V形带张紧度的检查

一般在水泵V形带中间处用拇指按压，检查其挠度。

检测值为________mm，标准值为________mm。

处理方法：□更换　　□继续使用

二、丰田轿车冷却系的装配

1．水泵的安装

将水泵及发动机的水道清洁干净，再将水泵、衬垫装到水泵体上，紧固力矩为____________N·m。

再装上水泵带轮，紧固力矩为____________N·m。

装上节温器、“O”形圈及节温器盖，紧固力矩为____________N·m。

最后将组装好的水泵总成装到气缸体左侧，紧固力矩为____________N·m。

2．散热器的安装

将风扇电动机装到风扇罩上，紧固力矩为____________N·m。

然后一起装到散热器上，紧固力矩为____________N·m。

旋紧风扇电动机热敏开关，紧固力矩为____________N·m。

散热器装上橡胶垫后，放入车身的安装孔中，再装上支架，紧固力矩为____________N·m。

3．在气缸盖后面装上衬垫、换热器的水管接头

紧固力矩为____________N·m。

装上小循环水管及冷却液上水管、冷却液下水管，在换热器水管接头上旋上水温感应塞，紧固力矩为____________N·m。

最后安装膨胀箱及其连接水管。

4．冷却液的选择和添加

一般应根据环境温度来选择冷却液，并添加至规定要求为止。

思考：

（1）发动机水温过高过低有什么影响？

____

____

____

____。

（2）水冷系的大小循环路径是什么？

____

____

____

____。

【知识拓展】

一、冷却液的组成

冷却液由水、防冻剂、添加剂3部分组成，按防冻剂成分不同可分为酒精型、甘油型、乙二

醇型等类型的冷却液。酒精型冷却液是用乙醇(俗称酒精)作防冻剂，价格便宜，流动性好，配制工艺简单，但存在沸点较低、易蒸发损失、冰点易升高、易燃等缺点，现已逐渐被淘汰；甘油型冷却液沸点高、挥发性小、不易着火、无毒、腐蚀性小，但降低冰点效果不佳、成本高、价格昂贵，用户难以接受，只有少数北欧国家仍在使用；乙二醇型冷却液是用乙二醇作防冻剂，并添加少量具有抗泡沫、防腐蚀等功能的综合添加剂配制而成。由于乙二醇易溶于水，可以任意配成各种冰点的冷却液，其最低冰点可达-68℃，这种冷却液具有沸点高、泡沫倾向低、粘温性能好、防腐和防垢等特点，是一种较为理想的冷却液，目前国内外发动机所使用的和市场上所出售的冷却液几乎都是这种乙二醇型冷却液。

二、冷却液四大功能

冷却液是汽车发动机不可缺少的一部分。它在发动机冷却系统中循环流动，将发动机工作中产生的多余热能带走，使发动机能以正常工作温度运转。当冷却液不足时，会使发动机水温过高，而导致发动机机件的损坏。车主一旦发现冷却液不足，应该及时添加。不过冷却液也不能随便添加，因为除了冷却作用外，冷却液还应具有以下功能。

1．冬季防冻

为了防止汽车在冬季停车后，冷却液结冰而造成水箱、发动机缸体胀裂，要求冷却液的冰点应低于该地区最低温度10℃左右，以防天气突变。

2．防腐蚀

冷却系统中散热器、水泵、缸体及缸盖、分水管等部件是由钢、铸铁、黄铜、紫铜、铝、焊锡等金属组成，由于不同的金属的电极电位不同，在电解质的作用下容易发生电化学腐蚀；同时冷却液中的二元醇类物质分解后形成的酸性产物、燃料燃烧后形成的酸性废气也可能渗透到冷却系统中，促进冷却系统腐蚀。冷却系统腐蚀会使散热器水箱的下水室、喷油嘴隔套、冷却管道、接头以及水箱排管发生故障，同时腐蚀产物堵塞管道，引起发动机过热甚至瘫痪；若腐蚀穿孔，冷却液渗入燃烧室或曲轴箱会产生严重的破坏，因为当冷却液或水与润滑油混合时，产生油污和胶质，削弱润滑，使得液压阀推杆和活塞环黏结。因而冷却液中都加入一定量的防腐蚀添加剂，防止冷却系统产生腐蚀。

3．防水垢

冷却液在循环中应尽可能地减少水垢的产生，以免堵塞循环管道，影响冷却系的散热功能。综上所述，在选用、添加冷却液时，应该慎重。首先，应该根据具体情况去选择合适配比的冷却液；其次，添加冷却液时，将选择好配比的冷却液添加到水箱中，使液面达到规定位置即可。

4．高沸点（防开锅）

符合国家标准的冷却液，沸点通常都是超过105℃，比起水的沸点100℃，冷却液能耐受更高的温度而不沸腾（开锅），在一定程度上满足了高负荷发动机的散热冷却需要。

三、使用冷却液的注意事项

（1）要坚持常年使用冷却液。对于传统发动机，能够保证发动机正常工作的冷却液温度值为80℃～90℃，但对于电控发动机，由于其高转速、高压缩比和高功率的工作特点，其机械负荷及热负荷较大，摩擦热较高，因而对冷却液正常工作温度的要求已提高到 95℃～105℃。这与人们形成的传统发动机冷却水“正常水温”观点不同，需要人们转变认识观念。而且要注意冷却液使用的连续性，那种只想在冬季使用的观点是错误的，只知道冷却液的防冻功能，而忽视了冷却液的防腐、防沸、防垢等作用。

（2）正确选用。选用冷却液时，其冰点要低于环境最低温度10℃左右。目前，汽车配件市场上的冷却液种类多，“冷却液”实际上只是“防冻液”，大多使用乙醇和水混合后添加色素制成，其内无任何冷却液应该具有的添加剂，其沸点在90℃左右，腐蚀性较强，易导致发动机过热现象的发生。

分辨冷却液真伪的简单方法

优质冷却液颜色醒目、清亮透明和无异味；用烧杯加热冷却液，用温度表测量其沸点，沸点在100℃以上才为真品，沸点不足100℃者为伪品。

【课后反思】

发动机冷却系的检修作业考核表

班级：__________ 姓名：__________ 开始时间：__________ 结束时间：__________

<table>
<tr><th colspan="2">项目</th><th>配分</th><th>评分标准或要求</th><th>违规记录</th><th>得分</th></tr>
<tr><td rowspan="5">基本情况评定</td><td>工具的选用</td><td>6</td><td>工具选用不当，发现一次扣 3 分，扣完本分值为止</td><td></td><td></td></tr>
<tr><td>工具的使用</td><td>6</td><td>工具使用不当，发现一次扣 3 分，扣完本分值为止</td><td></td><td></td></tr>
<tr><td rowspan="2">零部件摆放及工具整理</td><td rowspan="2">6</td><td>零部件乱摆乱放，除下述另有规定的外，发现一次扣 2 分，扣完 6 分为止</td><td></td><td></td></tr>
<tr><td>发动机安装完毕后，场地未清理干净扣 2 分，工具未整理或整理不当扣 1～2 分</td><td></td><td></td></tr>
<tr><td>三不落地</td><td>6</td><td>零部件、工具、油料、抹布等落地一次扣 2 分，扣完本分值为止；发现较严重情况的本项不得分</td><td></td><td></td></tr>
<tr><td rowspan="9">检修过程评定</td><td rowspan="5">冷却系的拆卸、检查</td><td rowspan="5">20</td><td>正确排放冷却液，占 4 分</td><td></td><td></td></tr>
<tr><td>正确拆卸、分解散热器总成，占 4 分</td><td></td><td></td></tr>
<tr><td>正确拆卸、分解水泵总成，占 4 分</td><td></td><td></td></tr>
<tr><td>正确检查节温器，占 4 分</td><td></td><td></td></tr>
<tr><td>正确检查 V 形带张紧度，占 4 分</td><td></td><td></td></tr>
<tr><td rowspan="4">冷却系的装配</td><td rowspan="4">15</td><td>正确安装水泵，占 3 分</td><td></td><td></td></tr>
<tr><td>正确安装散热器，占 4 分</td><td></td><td></td></tr>
<tr><td>正确连接各水管，占 4 分</td><td></td><td></td></tr>
<tr><td>正确选择和添加冷却液，占 4 分</td><td></td><td></td></tr>
<tr><td colspan="2">安全文明生产</td><td>8</td><td>着装整齐、动作规范、精神饱满、有礼貌，否则扣 1～8 分</td><td></td><td></td></tr>
<tr><td colspan="2">总用时（60 分钟）</td><td>8</td><td>每超过一分钟扣 4 分，扣完为止</td><td></td><td></td></tr>
<tr><td colspan="2">总配分</td><td>100</td><td></td><td>总得分</td><td></td></tr>
<tr><td>考核感悟</td><td colspan="5"></td></tr>
</table>

水泵及节温器的检修

【项目教学目标】

1. 掌握冷却系统的作用、组成、类型及工作原理。
2. 了解水泵及节温器的作用、结构和工作原理。
3. 能够进行水泵、节温器维护和一般故障的排除。

【项目所需器材】

丰田轿车发动机/捷达发动机、相关挂图或图册、常用工量具、塞尺、容器、水温计、加热装置。

【项目教学内容】

一、风扇传动带张紧力的检查与调整

1. 风扇传动带张紧力的检查

检查风扇传动带张紧力时，在传动带的中部用 40N 的力按下，检测其挠度，如图 17-1 所示。

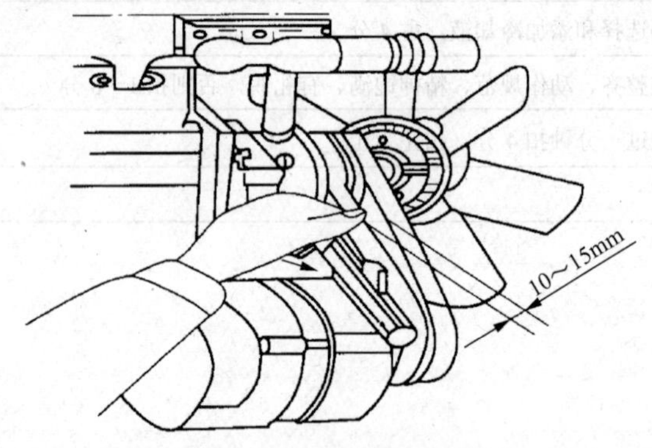

图 17-1　风扇传动带张紧力的检查

测量值为____________________ mm。

准值为 ____________________ mm。

思考：风扇传动带过紧过松的影响有哪些？

过紧则会：____

____。

过松则会：____

____。

2. 风扇传动带张紧力的调整

松开发电机调节臂的锁紧螺母，扳动发动机使传动带达到规定的张紧力；对于轿车发动机风

扇传动带则是通过扳动装在枢轴上的舵轮或其构架上的部件进行的。

二、水泵的维护

1. 水泵轴承的检查

将发动机停转，用手扳动风扇叶片，检查其有无旷量。若旷量较大，说明轴承间隙已超过标准，应更换轴承。

2. 水泵水封的检查

发动机停转或运转状态下，观察水泵的泄水孔。

泄水孔　　□漏水　　说明：________________。

　　　　　□不漏水　说明：________________。

3. 水泵的润滑

汽车每行驶 1500～2000km 进行维护时，应润滑水泵上的两个轴承。

三、节温器的检查

车辆每行驶 50000km 应对节温器进行检查，检查方法是：将拆下的节温器放在盛有冷水的器皿中，然后逐渐加热。

开启时的温度：__________℃；

全开时的温度：__________℃；

全开时的升程：__________mm；

结果判断及处理：________________________________。

各车型的节温器参数标准见表 17-1。

表 17-1　　　　各车型的节温器参数

车型	节温器工作参数		
	开始开启时的温度/℃	完全开启时的温度/℃	最大升程/mm
东风	76	86	>8
桑塔纳	85	105	>7
标致	82	110	/
切诺基	90	104	/
夏利	82	95	≥8

四、电动风扇及控制电路的检查

1. 就车检查

当冷却液温度较低（低于 95℃）时，按通点火开关，检查电控风扇的运转情况。

转速为________________________________。

当冷却液温度高于 95℃时，检查电控风扇的运转情况。

转速为________________________________。

当冷却液温度升高到 105℃时，检查电控风扇的运转情况。

转速为________________________________。

结果判断及处理：____。

2. 元件检查

（1）热敏开关的检查

将热敏开关放入盛热水的容器内并加热，用数字式万用表的电阻挡检查热敏开关高、低速触点的导通状况。

当水温低于 95℃时，高、低触点： □导通 □不导通

当水温高于 95℃时，低速触点： □导通 □不导通

当水温高于 105℃时，高速触点： □导通 □不导通

（2）风扇电动机的检查

将蓄电池连接到风扇电动机的接线插头上，电动机 □是 □否 平滑旋转。

思考：为什么发动机要设置大、小循环的冷却控制，而不是单纯采用一种控制形式？

____

____

____。

【知识拓展】

一、节温器的原理与故障

节温器是装在发动机冷却系统中，发动机缸内与缸外水箱之间的一个开关阀(冷缩热胀原理)，冷车时是关闭的，当车子启动时由于节温器关闭，使发动机缸内水温迅速上升致发动机最佳工作温度，缸内温度继续上升，此时节温器打开与缸外冷却连通循环，达到发动机冷却功能。

节温器故障是开关阀失灵，缸内、外冷却循环断路，发动机只靠缸内的水冷却，发动机水温迅速升高。

判断节温器故障方法很简单：发动机启动后，水温表迅速上升，此时副水箱的水只是微温的。如果这样，十有八九是节温器出了问题。

二、节温器的作用

拆除节温器是很严重的错误！节温器并不是只保持温度，更重要的是它其实是切换水循环的重要阀门，我们的发动机冷却分为大循环、小循环和大小循环同时开启。而拆掉节温器的大循环是水路直接由水泵出发通过管路流向散热片，之后再被水泵抽回再流向散热片。这时最重要的路径就是流经发动机缸体的水路由于水泵和水箱的直接畅通而变得很少，也就是说只有少量的散热水流经发动机缸体，这样就会使缸体得不到有效地散热而高温。小循环是节温器关闭，水路直接在水泵和发动机缸体间流动，不流经散热片。这样就会保持发动机的温度，这在北方的冬天显得尤为重要。但是南方也同样重要，因为发动机正常工作的温度是 90℃，拆掉节温器就会使发动机的工作温度无法保持正常，从而会增大油耗减小功率。节温器的最大作用也是最重要的作用是它会使发动机的大小循环同时打开，当水温高时节温器开启！注意只是开启，它的开启是有限度的，并不是拆除时的状态，这样就会使冷却水既流向大循环又流经小循环。水流充分地流经发动机缸体而又流向散热片，这样才是最有效的散热。拆掉节温器后由于大循环的水路畅通，所以很少流向小循环。这样我们就发现了一个重要的现象，就是节温器还有减少大循环的流量，从而平衡大小循环流量的作用。所以拆掉节温器反而不利于散热，拆掉节温器的发动机就会冬天不热夏天高温。

【课后反思】

水泵及节温器的检修作业考核表

班级：__________ 姓名：__________ 开始时间：__________ 结束时间：__________

项目		配分	评分标准或要求	违规记录	得分
基本情况评定	工具的选用	6	工具选用不当，发现一次扣3分，扣完本分值为止		
	工具的使用	6	工具使用不当，发现一次扣3分，扣完本分值为止		
	零部件摆放及工具整理	6	零部件乱摆乱放，除另有规定的外，发现一次扣2分，扣完6分为止		
			发动机安装完毕后，场地未清理干净扣2分，工具未整理或整理不当扣1～2分		
	三不落地	6	零部件、工具、油料、抹布等落地一次扣2分，扣完本分值为止；发现较严重情况的本项不得分		
检修过程评定	传动带张紧力的检查与调整	15	正确检查传动带的张紧力,10分		
			正确调整传动带的张紧力，5分		
	水泵的维护	15	正确检查水泵轴，5分		
			正确检查水泵水封，否则扣5分		
			正确对水泵进行润滑，否则扣5分		
	节温器的检查	15	正确进行节温器的检查,15分		
	电动风扇的检查	15	正确就车检查风扇的运转，否则扣5分		
			正确检查热敏开关，否则扣5分		
			正确检查风扇电动机，否则扣5分		
安全文明生产		8	着装整齐、动作规范、精神饱满、有礼貌，否则扣1～8分		
总用时（30分钟）		8	每超过一分钟扣4分，扣完为止		
总配分		100		总得分	
考核感悟					

发动机润滑系的检修

【项目教学目标】

1．掌握润滑系的检查与维护。
2．掌握润滑油的选择方法。
3．掌握添加润滑油的方法。
4．掌握润滑系统的故障诊断方法。
5．掌握润滑系统部件的检修方法。

【项目所需器材】

桑塔纳试验车、世达工具、多媒体、油压表等

【项目教学内容】

1．油压测量

测量值：怠速：油压>____________Mpa；
正常：油压____________～____________MPa；
高速：油压<____________MPa。

标准值：怠速：油压>____________MPa；
正常：油压____________～____________MPa；
高速：油压<____________MPa。

结果处理：____

2．油位检查的要求

（1）汽车水平 □是 □否
（2）熄火几分钟后拔出油尺 □是 □否

检查结果为：____

3．机油的选用

按黏度分类 SAE（汽车工程师学会），分为以下几类。

冬油牌号为 0W、5W、10W、____________、20W、25W（-10）。

夏油牌号为 20、30、40、50。

通用油牌号为 5W / 20、10W/30、____________、20W / 50。

按质量分类 API（美国石油学会），分为 S 系列和 C 系列 。

油品按英文字母顺序排列（A-M），如 SAEl0W-30SL（或 SAEl0W / 30SL）的应用条件为____。

4．新机油质量的鉴别

（1）观察机油颜色。国产机油多为浅蓝色，明亮光泽，流动均匀。

进口机油为金黄略带蓝色，晶莹透明，油桶精致，图案字码的边缘清晰、整齐，否则为假货。

（2）识别机油牌号。

（3）闻气味。合格的机油应无特别的气味，略带芳香。

5．使用中机油的鉴别

（1）搓捻鉴别。用手指搓捻，如有黏稠感觉，并有拉丝现象，仍可继续使用，否则更换。

（2）油尺鉴别。透过油尺上的机油看不清刻线，更换。

（3）倾倒鉴别。取油底壳中的少量机油注入一容器内，然后从容器中慢慢倒出，观察油流的光泽和黏度。若油流能保持细长且均匀，说明机油内没有胶质及杂质，否则更换。

（4）油滴检查。在白纸上滴一滴油底壳中的机油，如图 18-1 所示，若油滴中心黑点很大，呈黑褐色且均匀无颗粒，周围黄色浸润很小，更换。

暗　暗　透明　透明

老化　半老化　正常

图 18-1　油滴检查

6．更换发动机机油（5000km）

（1）放油前，检查发动机是否漏油。

（2）取下放油塞，放尽机油。

（3）取高压线，起动发动机 10s，流尽机油。

（4）放完擦净放油塞，以____________N·m 的力矩拧紧放油塞。

（5）加入机油，直到油位升到量油尺上的“FULL”（最高油位线）位置为止。

（6）起动发动机并运转 3min，然后停止发动机，等待 3min 再检查油位。

【知识拓展】

1．机油压力过高故障

发动机在正常温度和转速下，机油压力表读数始终高于规定值。

（1）试车检查：根据故障征兆进行分析和诊断。

（2）检查油面高度：若油面正常，应检查机油黏度、牌号是否符合要求。

注意

润滑油液面高度不要超过润滑油尺上的 a 标记位置。

（3）检查油压指示系装置，如图 18-2 所示。

（4）检查、调整限压阀：对于与机油泵一体的限压阀，则应拆检机油泵。

（5）拆检发动机，检查、清洗润滑油道：用压缩空气吹通；同时检查曲轴主轴承、连杆轴承、凸轮轴轴承等各配合间隙是否过小。

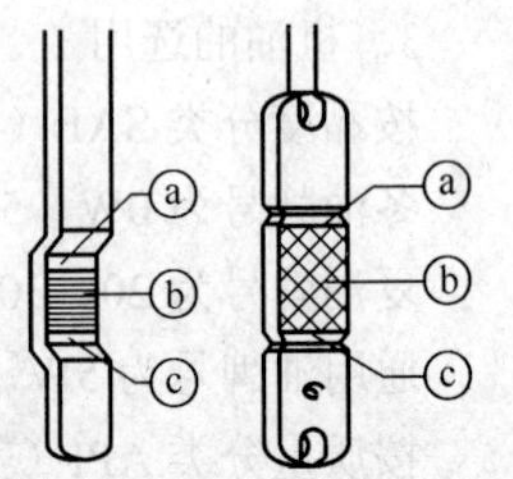

图 18-2　检查油压指示系装置

2．机油压力过低故障

发动机在正常温度和转速下，报警器报警或机油压力表读数始终低于规定值。

（1）根据发动机的故障征兆，确认机油压力过低为润滑系出现问题所致。

首先区分是机油压力指示系统故障还是润滑系油路故障。

（2）拔出机油尺，检查油面高度、机油黏度和机油质量。

（3）拆下机油滤清器，起动发动机，观察喷油情况。

（4）检查机油泵齿轮副的端面间隙、径向间隙和啮合间隙，并进行油压、泵油量等性能检测。

（5）若润滑系统正常，则需检查曲轴主轴承和连杆轴承、凸轮轴轴承等配合间隙。

3．机油消耗异常故障

机油消耗超过 0.1～0.5L/100km，排气管大量排蓝烟，积炭增加，火花塞油污现象严重等。

（1）首先根据故障现象进行确诊。

（2）检查发动机前、后、上、下及侧部有无明显漏油痕迹。

（3）若排气管排蓝烟，说明机油被吸入燃烧室，应根据故障现象确定具体故障部位。

（4）检测缸压，若缸压过低，同时加机油口也脉动冒烟，说明气缸活塞组磨损过大、密封不良而导致气缸窜油。也可用加机油法确诊。

（5）若排气管排蓝烟，加机油口无脉动冒烟现象，说明故障在气门导管处，应检查气门与气门导管间隙是否过大、气门油封是否失效等。

（6）检查曲轴箱通风阀是否黏结失效。

【课后反思】

润滑系的检修作业考核表

班级：__________　姓名：__________　开始时间：__________　结束时间：__________

<table>
<tr><th colspan="2">项目</th><th>配分</th><th>评分标准或要求</th><th>违规记录</th><th>得分</th></tr>
<tr><td rowspan="5">基本情况评定</td><td>工具的选用</td><td>6</td><td>工具选用不当，发现一次扣 3 分，扣完本分值为止</td><td></td><td></td></tr>
<tr><td>工具的使用</td><td>6</td><td>工具使用不当，发现一次扣 3 分，扣完本分值为止</td><td></td><td></td></tr>
<tr><td rowspan="2">零部件摆放及工具整理</td><td rowspan="2">6</td><td>零部件乱摆乱放，除下述另有规定的外，发现一次扣 2 分，扣完 6 分为止</td><td rowspan="2"></td><td rowspan="2"></td></tr>
<tr><td>发动机安装完毕后，场地未清理干净扣 2 分，工具未整理或整理不当扣 1～2 分</td></tr>
<tr><td>三不落地</td><td>6</td><td>零部件、工具、油料、抹布等落地一次扣 2 分，扣完本分值为止；发现较严重情况的本项不得分</td><td></td><td></td></tr>
<tr><td rowspan="5">检修过程评定</td><td>油压的检查</td><td>15</td><td>正确检查油压</td><td></td><td></td></tr>
<tr><td>机油液位的检查</td><td>15</td><td>正确检查机油液位</td><td></td><td></td></tr>
<tr><td rowspan="2">机油的选择</td><td rowspan="2">15</td><td>正确识别机油的类型并选择，得 8 分</td><td rowspan="2"></td><td rowspan="2"></td></tr>
<tr><td>正确鉴定机油的质量，得 7 分</td></tr>
<tr><td>机油更换</td><td>15</td><td>正确更换发动机机油</td><td></td><td></td></tr>
<tr><td colspan="2">安全文明生产</td><td>8</td><td>着装整齐、动作规范、精神饱满、有礼貌，否则扣 1～8 分</td><td></td><td></td></tr>
<tr><td colspan="2">总用时（30 分钟）</td><td>8</td><td>每超过一分钟扣 4 分，扣完为止</td><td></td><td></td></tr>
<tr><td colspan="2">总配分</td><td>100</td><td></td><td>总得分</td><td></td></tr>
<tr><td>考核感悟</td><td colspan="5"></td></tr>
</table>

机油泵及集滤器的检修

【项目教学目标】

1. 机油泵及集滤器的作用、组成、各组成件的结构及它们相互间的联系。
2. 机油泵及集滤器的分解及检查方法。

【项目所需器材】

丰田 8A 发动机、相关挂图或图册、常用工具、刀口尺、塞尺。

【项目教学内容】

一、机油泵的认识

写出图 19-1 所示的机油泵名标号所对应的名称。

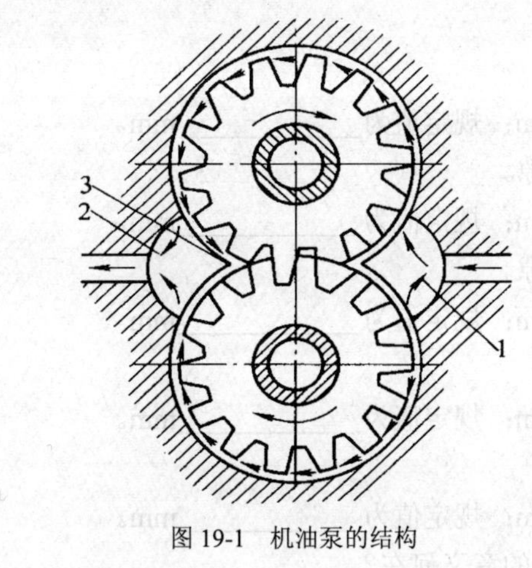

图 19-1 机油泵的结构

1____________ 2____________ 3____________

1. 吸油：机油泵进油腔齿轮的轮齿脱开啮合，其容积增大，产生真空吸力，机油便经进油口被吸入进油腔。

2. 压油：机油泵齿轮的轮齿将机油带入到出油腔，出油腔齿轮的轮齿进入啮合，其容积减小，油压增大，机油便经出油口被压送到发动机油道中。

3. 构造：__________、__________、__________、__________、__________等组成。

思考

机油泵的分类以及它们各自的优劣点。

二、拆卸清洗

按要求放净发动机油底壳内的机油，拆下机油泵及集滤器，用清洗剂清洗机油泵及集滤器。

三、机油泵的检查

1．转子式机油泵的检查

丰田 8A 发动机机油泵为转子式，检查内容及方法如下。

（1）减压阀的检查，用发动机润滑油涂抹减压阀，检查其能否靠自身重量顺利落入阀孔中。如果不能，则应更换减压阀。

（2）从动转子与主体间隙的检查，用塞尺测量从动转子与主体间的间隙。

测量值为____________mm；规定值为____________mm。

（3）转子尖端间隙的检查，用塞尺测量驱动转子与从动转子尖端之间的间隙。

测量值为____________mm；规定值为____________mm。

（4）转子侧面间隙的检查，用塞尺和直尺测量转子与直尺之间的间隙。

测量值为____________mm；规定值为____________mm。

2．内齿轮式机油泵的检查

（1）减压阀的检查，拆下减压阀，检查柱塞滑动表面是否有擦伤、弹簧是否折断；在柱塞的滑动表面涂抹机油，检查其能否靠自身重量顺利落入阀孔中。

（2）间隙的检查。

① 泵体与外齿轮间隙。

测量值为____________mm；规定值为____________mm。

② 内齿轮与月牙卡铁间隙。

测量值为____________mm；规定值为____________mm。

③ 外齿轮与月牙卡铁间隙。

测量值为____________mm；规定值为____________mm。

④ 泵壳与外齿轮间隙。

测量值为____________mm；规定值为____________mm。

⑤ 泵壳与内齿轮间隙。

测量值为____________mm；规定值为____________mm。

思考：机油泵各间隙检查的意义何在？

____。

【知识拓展】

润滑系的作用

1．润滑作用：将机油不断地供给各零件的摩擦表面，减少零件的摩擦和磨损润滑方式见表 19-1。

2．清洗作用：清除摩擦表面上的磨屑等杂质。

3．冷却作用：气缸壁上形成的油膜可冷却摩擦表面。

4．密封作用：在运动零件之间、气缸壁上形成油膜。形成的油膜可以提高密封性，防止漏气和漏油。

5. 防锈作用：在零件表面形成油膜，防止零件生锈。

6. 缓冲作用：在运动零件表面形成油膜，吸收冲击减小振动。

表 19–1 润滑方式

润滑方式	应用范围
压力润滑	负荷大，相对运动速度高的工作表面
飞溅润滑	外露，负荷小，相对运动速度小的工作表面
定期润滑	发动机的辅助系统

【课后反思】

机油泵及滤清器的检修作业考核表

班级：____________ 姓名：____________ 开始时间：____________ 结束时间：____________

<table>
<tr><th colspan="2">项目</th><th>配分</th><th>评分标准或要求</th><th>违规记录</th><th>得分</th></tr>
<tr><td rowspan="5">基本情况评定</td><td>工具的选用</td><td>6</td><td>工具选用不当，发现一次扣 3 分，扣完本分值为止</td><td></td><td></td></tr>
<tr><td>工具的使用</td><td>6</td><td>工具使用不当，发现一次扣 3 分，扣完本分值为止</td><td></td><td></td></tr>
<tr><td rowspan="2">零部件摆放及工具整理</td><td rowspan="2">6</td><td>零部件乱摆乱放，除下述另有规定的外，发现一次扣 2 分，扣完 6 分为止</td><td></td><td></td></tr>
<tr><td>发动机安装完毕后，场地未清理干净扣 2 分，工具未整理或整理不当扣 1～2 分</td><td></td><td></td></tr>
<tr><td>三不落地</td><td>6</td><td>零部件、工具、油料、抹布等落地一次扣 2 分，扣完本分值为止；发现较严重情况的本项不得分</td><td></td><td></td></tr>
<tr><td rowspan="4">检修过程评定</td><td>机油泵的认识</td><td>20</td><td>正确口述机油泵的结构和工作原理</td><td></td><td></td></tr>
<tr><td>机油泵的拆卸</td><td>15</td><td>正确拆卸机油泵及集滤器</td><td></td><td></td></tr>
<tr><td rowspan="2">机油泵的检查</td><td rowspan="2">15</td><td>正确检查转子式机油泵，占 7 分</td><td></td><td></td></tr>
<tr><td>正确检查内齿轮机油泵，占 8 分</td><td></td><td></td></tr>
<tr><td colspan="2">安全文明生产</td><td>8</td><td>着装整齐、动作规范、精神饱满、有礼貌，否则扣 1～8 分</td><td></td><td></td></tr>
<tr><td colspan="2">总用时（30 分钟）</td><td>8</td><td>每超过一分钟扣 4 分，扣完为止</td><td></td><td></td></tr>
<tr><td colspan="2">总配分</td><td>100</td><td></td><td>总得分</td><td></td></tr>
<tr><td>考核感悟</td><td colspan="5"></td></tr>
</table>

节气门位置传感器的检修

【项目教学目标】

1. 掌握节气门位置传感器的作用结构和工作原理。
2. 掌握节气门位置传感器的检测方法。

【项目所需器材】

帕萨特实验台、世达工具、汽车万用表、连接线等。

【项目教学内容】

节气门位置传感器电路如图 20-1 所示。

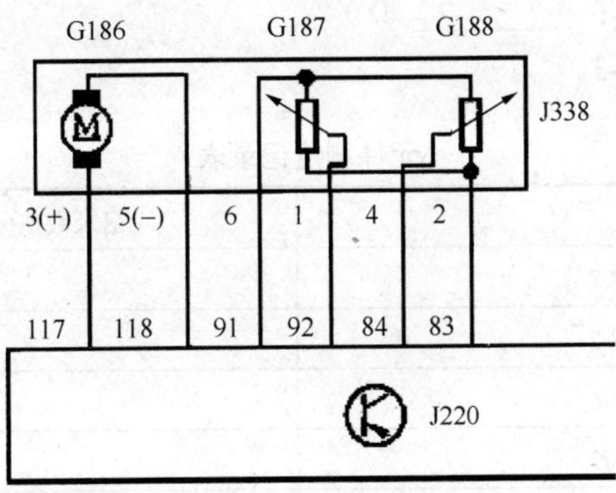

图 20-1　节气门位置传感器电路

1. 断路检查（量程选择：__________ Ω）

断开节气门体连接器，断开 ECU 连接器，用万用表检查表 20-1 中的电阻并记录在表中。

表 20–1　断路检查记录表

检测位置	记录数值（Ω）	备注
J338/6-J220/91		传感器
J338/2-J220/83		
J338/1-J220/92		
J338/4-J220/84		
J338/3-J220/117		执行器
J338/5-J220/118		

结果判断：____。

2．短路检查（量程选择：________Ω）

短路检查记录表见表 20-2。

表 20-2　短路检查记录表

检查位置	记录数值（Ω）	备注
J338/6 或 J220/91—搭铁		传感器
J338/1 或 J220/92—搭铁		
J338/4 或 J220/84—搭铁		
J338/3 或 J220/117—搭铁		执行器
J338/5 或 J220/118—搭铁		

结果判断：________________

3．电压检查（量程选择：________V）

只断开节气门体连接器，将点火开关至于 ON 位置，测量插头 J338/6—J338/2 之间的电压为：________V。

结果判断：________________

4．元件测量（量程选择：________Ω）

元件测量记录表见表 20-3。

表 20-3　元件测量记录表

检查位置	记录数值(Ω)	备注
J338/6—J338/2		传感器
J338/1—J338/2		
J338/1—J338/6		
J338/4—J338/2		
J338/4—J338/6		
J338/3—J338/5		执行器

结果判断：________________。

【知识拓展】

一、节气门位置传感器的作用

节气门位置传感器安装在节气门轴上，随着节气门的转动，传感器上的滑动触点随之在电位计滑动，将发动机的负荷信息及节气门位置信息以电压的形式输入 ECU。

二、节气门位置传感器的分类

节气门位置传感器分为：线性电阻式、开关式、霍尔式。

三、节气门的基本设定

1．基本设定内容

打开点火开关时，可进行节气门控制单元和发动机控制单元的自适应。

2．基本设定过程

进行节气门基本设定时，节气门调节器进入应急运行中最大位置到最小位置，发动机控制单元通过自适应来学习节气门控制单元止点位置及节气门的电位计与节气门控制器传感器的比较曲线。

3．下属情况必须进行自适应

- 供电中断。
- 拆装节气门控制单元。
- 更换节气门控制单元。
- 更换发动机。
- 更换发动机控制单元。

4．基本设定条件

- 故障存储器内没有故障。
- 蓄电池电压不低于 11.5V。
- 关闭所有附件。
- 节气门应在怠速位置。

5．基本设定方法及步骤

（1）打开点火开关不起动发动机。

（2）连接好 X-431 解码器，选择上海大众、一汽大众或德国大众诊断程序（说明：对于匹配节气门这 3 个软件的功能一样，选择其中任意一个都可以操作）。

（3）选择“普通模式”-“快速数据流诊断模式”-“发动机系统”，选择“系统基本调整”功能并输入调整组号：098。

（4）按“确定”键进入设定过程，节气门控制器经过 MIN 到 MAX 点及中间 5 个位置。控制单元将相应的节气门角度存入存储器，此过程大约需要 10s，随后节气门短时间在起动位置，然后关闭。

（5）当屏幕最后一行显示“自适应完成”字样时基本设定完成，按“退出”键完成设定，关闭点火钥匙，再打开，启动发动机，验证匹配效果。

（6）如果在匹配过程中提示错误，常出现以下两种现象。

第一种现象：屏幕最后一行直接提示“该车无此功能”字样或者先提示“自适应匹配中……”，后提示“该车无此功能”，一般由以下原因引起。

① 通道号输入错误，请参见本资料最前面内容选择合适的通道号（适用：直接提示“该车无此功能”字样）。

② 该车无此功能:如去匹配 SANTANA,该车节气门原本无法用解码器去匹配（适用：直接提示“该车无此功能”字样）。

③ 节气门控制单元或导线损坏（适用：先提示“自适应匹配中……”，后提示“该车无此功能”）。

第二种现象：屏幕最后一行提示“自适应错误”字样，一般由以下原因引起。

① 发动机处于着车状态，请熄火，打开点火钥匙。

② 节气门未达到怠速止点（积炭或油门拉索调整不对）。

③ 蓄电池电压过低。

④ 节气门控制单元或导线损坏。

⑤ 节气门发卡。

⑥ 在自适应过程中起动发动机或踩加速踏板。

（7）中断后故障存储内存储故障“17967”或“17973”，下次打开点火开关后自动重新进行基本设定。

四、电子节气门的系统组成和功能

1．带加速踏板位置传感器的加速踏板模块：用来确定踏板位置并将踏板位置信号传递给控制单元。

2．发动机控制单元（ECU）：接收踏板位置传感器信号，根据输入电压信号计算得知所需动力。并根据其他如急加速、空调、自动变速器起步的扭矩信号，计算出实际的节气门开度。同时还监控节气门系统。

3．节气门控制单元：控制所需进气量，根据控制系统提供信号调节节气门开度，反馈节气门信号。

4．节气门故障灯（大众车型在仪表上为 EPC 灯）：提供节气门故障信息给驾驶员。

5．传感器和执行器传感器：带油门踏板传感器 G79,G185 的加速踏板模块，带节气门开度传感器的 G187，G188，节气门控制器 J338，离合器踏板开关 F36，制动踏板开关 F47，制动灯开关 F。

【课后反思】

节气门位置传感器检测考核表

<table>
<tr><td>姓名</td><td colspan="2"></td><td>班级</td><td></td><td colspan="2">分数</td><td></td></tr>
<tr><td>测量项目</td><td>测量位置</td><td>数值记录</td><td>结果分析</td><td>测量位置</td><td>数值记录</td><td colspan="2">结果分析</td></tr>
<tr><td rowspan="3">断路检查</td><td>J338/6-J220/91</td><td></td><td></td><td>J338/4-J220/84</td><td></td><td colspan="2"></td></tr>
<tr><td>J338/2-J220/83</td><td></td><td></td><td>J338/3-J220/117</td><td></td><td colspan="2"></td></tr>
<tr><td>J338/1-J220/92</td><td></td><td></td><td>J338/5-J220/118</td><td></td><td colspan="2"></td></tr>
<tr><td rowspan="3">短路检查</td><td>J338/6 或 J220/91—搭铁</td><td></td><td></td><td>J338/3 或 J220/117—搭铁</td><td></td><td colspan="2"></td></tr>
<tr><td>J338/1 或 J220/92—搭铁</td><td></td><td></td><td>J338/5 或 J220/118—搭铁</td><td></td><td colspan="2"></td></tr>
<tr><td>J338/4 或 J220/84—搭铁</td><td></td><td></td><td></td><td></td><td colspan="2"></td></tr>
<tr><td rowspan="3">元件测量</td><td>J338/6-J338/2</td><td></td><td></td><td>J338/4—J338/2</td><td></td><td colspan="2"></td></tr>
<tr><td>J338/1-J338/2</td><td></td><td></td><td>J338/4—J338/6</td><td></td><td colspan="2"></td></tr>
<tr><td>J338/1-J338/6</td><td></td><td></td><td>J338/3—J338/5</td><td></td><td colspan="2"></td></tr>
<tr><td>电压测量</td><td>J338/6-J338/2</td><td colspan="4"></td><td colspan="2"></td></tr>
<tr><td colspan="8">检测结论</td></tr>
<tr><td colspan="2">故障部位</td><td colspan="3">故障原因</td><td colspan="3">维修建议和方法</td></tr>
<tr><td colspan="2">节气门位置传感器</td><td colspan="3">□正常 □断路</td><td colspan="3">□继续使用 □维修或更换</td></tr>
<tr><td colspan="2">电源线</td><td colspan="3">□正常 □断路</td><td colspan="3">□继续使用 □维修或更换</td></tr>
<tr><td colspan="2">信号线</td><td colspan="3">□正常 □断路 □短路</td><td colspan="3">□继续使用 □维修或更换</td></tr>
<tr><td colspan="2">搭铁线</td><td colspan="3">□正常 □断路</td><td colspan="3">□继续使用 □维修或更换</td></tr>
<tr><td>考核感悟</td><td colspan="7"></td></tr>
</table>

空气流量计的检修

【项目教学目标】

1．了解空气流量计的结构和工作原理。

2．掌握万用表、KT600 的使用方法。

3．掌握空气流量计的检测方法。

【项目所需器材】

世达工具、KT600、汽车万用表、空气流量计、实验台/实车

【项目教学内容】

一、万用表的使用

万用表外形图，如图 21-1 所示。

图 21-1 数字万用表

1．测量电阻时，万用表应该选择________挡位，测量电压时，万用表应选择______挡位。

2．测量电阻、电压时，万用表的黑红表笔分别插在__________、_________插孔内。

3．本项目选用的空气流量计，属“L”型热线式空气流量计，安装在____________________与________之间，其核心部件是流量传感元件和热电阻（均为铂丝式电阻）组合在一起构成电阻，如图 21-2 所示。

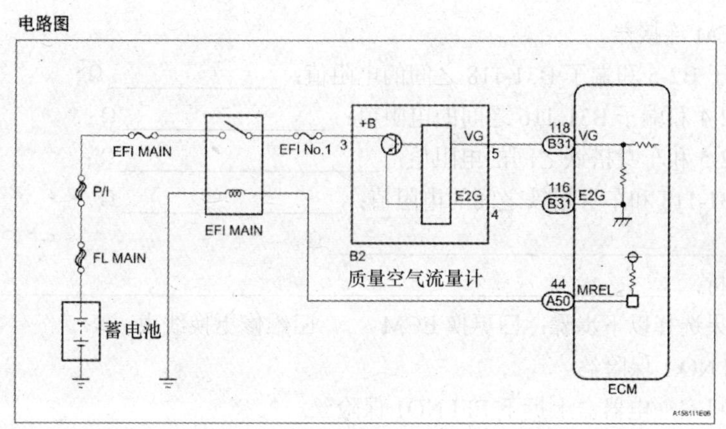

图 21-2 空气流量计电路图

二、卡罗拉空气流量计的检测

1．使用 KT600 读取数据流（MAF）

（1）连接 KT600，启动发动机，并打开 KT600。

（2）找到菜单并读取数据流 MAF：____________g/s。

标准值：________________________________g/s。

测量结果分：____

根据测量结果选择以下步骤：□步骤 2：检查空气流量计电源电压

□步骤 6：检查传感器搭铁情况

□间歇性故障

2．检查空气流量计—电源电压

（1）断开空气流量计连接器。

（2）点火开关 ON 位置。

（3）测量电压：B2-3——车身搭铁电压值：______________V。

标准值：____V。

测量结果分析：____

根据测量结果选择以下步骤：□步骤 3：检查 VG 电压

□步骤 5：检查 EFI NO 1 保险丝

3．检查空气流量计 VG 电压

（1）断开空气流量计连接器；

（2）向端子__________和__________之间施加蓄电池电压；

（3）检测端子 VG 和端子 E2G 之间的电压值：________________V。

标准值：____V。

测量结果分析：____

根据测量结果选择以下步骤：□步骤 4：检查空气流量计—ECM 线束

□更换空气流量计

4．检查线束和连接器（空气流量计—ECM）

（1）断开空气流量计连接器。

（2）断开 ECM 连接器。

（3）检测端子 B2-5 和端子 B31-118 之间的电阻值：____________Ω；

检测端子 B2-4 和端子 B31-116 之间的电阻值：________________Ω；

检测端子 B2-5 和车身搭铁之间的电阻值：____________________Ω；

检测端子 B31-118 和车身搭铁之间的电阻值：________________Ω。

标准值：__________________________________Ω。

测量结果分析：____。

根据测量结果选择以下步骤：☐更换 ECM　　☐维修更换线束

5．检查 EFI NO 1 保险丝

（1）从发动机室继电器盒上拆下 EFI NO1 保险丝。

（2）检测保险丝电阻：______________Ω。

标准值：____Ω。

测量结果分析：____。

根据测量结果选择以下步骤：☐更换空气流量计到继电器线束

☐更换 EFI NO1 保险丝

6．检查传感器搭铁

（1）断开空气流量计连接器。

（2）测量端子 B2-4 和车身搭铁之间的电阻：____________Ω。

标准值：____Ω。

测量结果分析：____。

根据测量结果选择以下步骤：☐更换空气流量计

☐检查空气流量计与 ECM 的连接

7．检查空气流量计与 ECM 之间的连接

（1）断开空气流量计连接器。

（2）断开 ECM 连接器。

（3）检测端子 B2-4 和端子 B31-116 之间的电阻值：______________Ω。

测量端子 B2-4 和车身搭铁之间的电阻：__________________Ω。

标准值：____Ω。

测量结果分析：____。

根据测量结果选择以下步骤：☐更换 ECM。

☐维修或更换空气流量计与 ECM 的线束。

【知识拓展】

一、热线式空气流量计识别

热线式空气流量计有 3 种形式：一种是把热线和进气温度传感器都放在进气主通路的取样管内，称为主流测量式，其结构如图 21-3（a）所示；另一种是把热线缠在绕线管上和进气温度传感器都放在旁通气路内，称为旁通测量式，其结构如 21-3（b）所示。这两种热线式空气流量计为了将热线温度与进气温度的温差维持恒定，都设有控制回路，如果热线因吸入的空气而变冷，

则控制回路可以增加供给热线的电流，以使热线与进气的温度差恢复到原来恒定的状态。第三种是发热体不是热线而是热膜，即在热线位置放上热膜，发热金属膜固定在薄的树脂膜上，这种结构可使发热体不直接承受空气流动所产生的作用力，以延长使用寿命，其结构如图 21-3（c）所示。

电阻测试项目：在实际维修中，欲测试各条线束的导通性，应关闭点火开关，拔下传感器插头与电控单元插接器，使用数字万用表分别测量各线束间的电阻，相连导线电阻应当小于 1Ω，不相连导线电阻应为正常。在实际测量中，由于测量手法、万用表本身的误差以及被测物体表面的氧化与灰尘等因素，发生几个欧姆的误差属正常现象，不必拘泥于具体数字。

电源电压测试项目：在实际维修中，应拔下传感器插头，打开点火开关，测量 2 号端子与接地间电压，打开发动机时应显示 12V。此时电控单元会记录空气流量计的故障码，测试完毕后要使用诊断仪清除故障码。

信号电压测量项目：在实际维修中，反馈信号电压的就车测试应在传感器插头尾部，挑开防水胶堵或刺破导线外皮，接万用表后踩动油门踏板，观察电压变化。而在发动机实验台上， 进行本项测试不用挑开防水胶堵或刺破导线外皮。

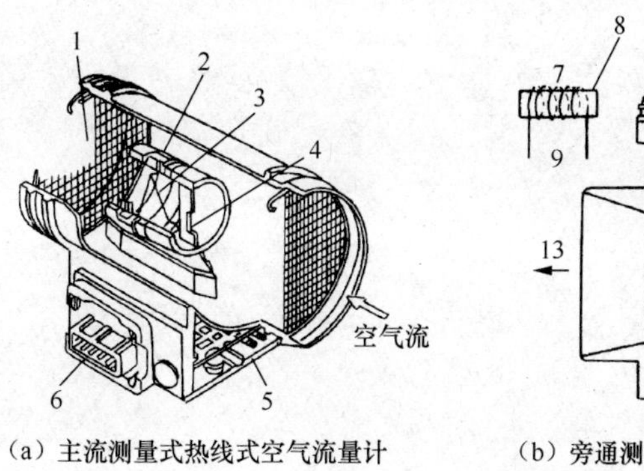

（a）主流测量式热线式空气流量计

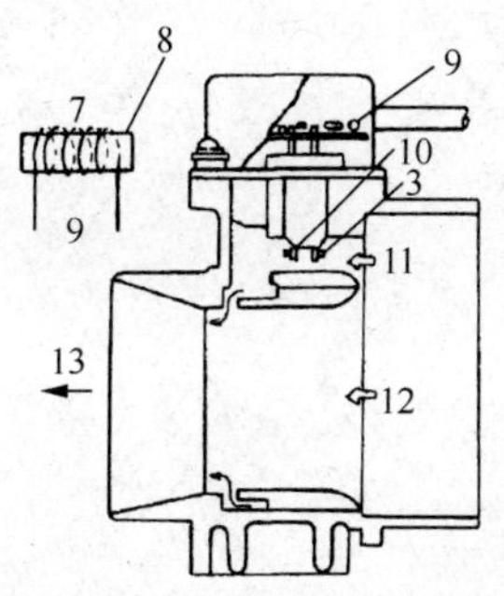

（b）旁通测量式热线空气流量计

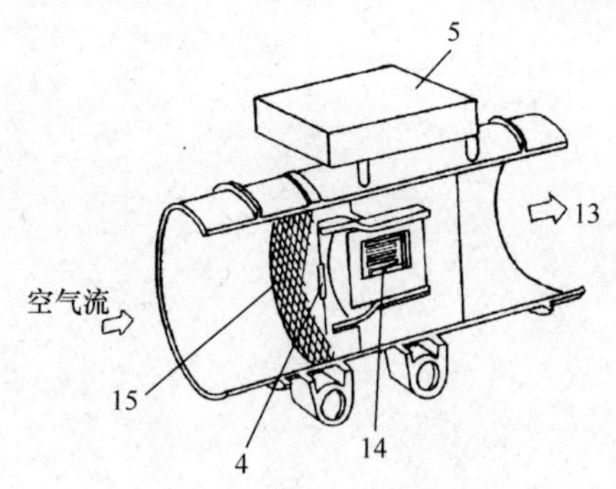

（c）热膜式空气流量计

图 21-3　空气流量计

1—防回火网　2—取样管　3—白金热线　4—上游温度传感器　5—控制回路　6—连接器 7—热金属线和冷金属线　8—陶瓷螺线管　9—接控制回路　10—进气温度传感器（冷金属线）　11—旁通气路　12—主通气路　13—通往发动机　14—热膜　15—金属网

二、叶片式空气流量传感器的识别

叶片式空气流量传感器主要由空气流量计和电位计组成。在空气流量计的主进气道内安装有一个可绕轴旋转的叶片。在发动机工作时，空气经空气滤清器过滤后进人流量计推动叶片（测量片）旋转，使其开启。叶片开启角度由进气量产生的推力大小和叶片轴上卷簧（复位弹簧）弹力的平衡情况决定。当驾驶员操纵加速踏板来改变节气门开度时，进气量增大，进气气流对叶片的推力也增大，这时叶片开启的角度也增大。

在叶片轴上安装有一个电位计，它与叶片同轴旋转，与电位计上滑片电阻的变化转变成电压信号输入ECU。电位计的内部电路有两种，一种是模拟式，另一种是数字式。它们的区别是数字式控制系统采用的流量计在电路中取消了限流电阻，接线插座上连接端子的位置略有变化。接线插座一般有7个接线端子，它们与电位计、进气温度传感器和油泵开关触点相连接。

在空气流量计中还有一个油泵开关，当发动机起动时，叶片旋转，油泵开关触点闭合，使电动汽油泵触点接通开始运转；当发动机熄灭后，叶片回转到关闭位置，电动汽油泵开关被断开，停止运转。这时如果点火开关处于接通位置，油泵也不会运转。这样，可以防止燃油外溢。

空气流量计内安装的进气温度传感器用于测量进气温度，它有两条线，分别与搭铁端子和温度信号端子THA相连接。它的作用就是为进气量作温度补偿。

【课后反思】

空气流量计的检修作业考核表

班级：＿＿＿＿＿＿ 姓名：＿＿＿＿＿＿ 开始时间：＿＿＿＿＿＿ 结束时间：＿＿＿＿＿＿

	考核项目	分值	问　题	得分
1	准备工作	5		
2	正确读取数据流	10		
3	检查空气流量计电源电压	5		
4	检查空气流量计 VG 电压	10		
5	检查线束和连接器	15		
6	检查 EFI NO 1 保险丝	10		
7	检查传感器搭铁	10		
8	检查空气流量计与 ECM 之间的连接	15		
9	正确使用工具	10		
10	清洁整理及安全操作	10		
	合　　计	100		
考核感悟				

电控发动机燃油供给装置的检修

【项目教学目标】

1．掌握电控燃油喷射系统燃油供给装置各元器件的结构、工作原理。

2．掌握电控燃油喷射系统燃油供给装置各元器件的维护内容、检查与调整方法。

3．会熟练进行电控燃油系统燃油供给装置的维护。

【项目所需器材】

桑塔纳 2000GLi 型轿车发动机；常用工具；数字式万用表；油压表；毛刷。

【项目教学内容】

一、汽油滤清器的维护

汽油滤清器的作用是除去汽油中的杂质，其结构形式有可拆式和不可拆式。

1．对于可拆式汽油滤清器（如 EQ1092 车用汽油滤清器），在车辆行驶___________ km 维护时应清洗滤芯或滤网；在车辆行驶___________km 左右维护时，应更换滤芯。清洗时应将汽油滤芯放在清洁的汽油中用软毛刷轻轻刷洗，然后用压缩空气吹干。

对拆解后的汽油滤清器应检查其密封圈、密封垫是否有明显的老化、发硬或龟裂损坏，若有应及时更换；检查滤清器盖和外壳有无变形、损坏，若有应更换滤清器总成。

2．对于不可拆式汽油滤清器（如桑塔纳、奥迪车用汽油滤清器），在车辆行驶___________km 时应整体更换。安装时应注意其方向。

二、电动汽油泵的维护

1．电动汽油泵最大压力和保持压力的测量

（1）电动汽油泵最大供油压力的测量方法如下。

① 按要求释放燃油系统的油压：______________________。

② 拆下蓄电池的_____极电缆。

③ 将燃油表接到燃油管路上，并将出油口堵住。

④ 接上蓄电池的_________电缆。

⑤ 用一根导线将电动油泵的两个检测孔___________和___________ 短接。

⑥ 打开点火开关持续 10s 左右（不要起动发动机），此时电动汽油泵工作，读出此时油压表的压力，该压力即为电动汽油泵的最大压力。

测量值为___________ kPa；标准值为___________ kPa。

结果判断及处理：____。

（2）电动汽油泵保持压力的测量方法如下。

电动汽油泵的最大供油压力符合标准后可关闭点火开关，5 min 后再观察油压表的值。

测量值为____________kPa；标准值为___________kPa。

结果判断及处理：____

2．电动汽油泵性能的检查

(1) 将电动汽油泵浸在汽油桶内，用专用导线连接蓄电池和电动汽油泵。

(2) 接通电源后，电动汽油泵出油口应有大量高压汽油泵出。

(3) 用万用表测量电动汽油泵两接线柱之间的电阻。

测量值为____Ω。

标准值为____Ω。

结果判断及处理：____。

三、燃油压力调节器的维护

1．燃油压力调节器工作状况的检查

检查燃油压力调节器的工作状况可按以下步骤进行。

(1) 起动发动机并使其怠速运转，测量怠速状态下的燃油压力。

测量值为__________kPa。

结果判断：____。

(2) 拔下燃油压力调节器上的真空软管，并检查燃油压力。

测量值为__________kPa。

结果判断：燃油压力调节器 □是 □否 正常。

处理办法：____。

2．燃油压力调节器保持压力的检查

(1) 用一根短导线将电动汽油泵的两个检测插孔短接。

(2) 打开点火开关并保持__________s，使电动汽油泵运转。

(3) 用包上软布的钳子将燃油压力调节器上的回油管夹紧。

(4) 关闭点火开关，5 min后观察燃油压力表的读数。

测量值为____________kPa；标准值为__________kPa。

结果判断及处理：____。

四、喷油器的维护

1．检查喷油器的工作状况

就车检查喷油器的工作状况，可通过__________或__________进行。

(1) 喷油器工作声音的测听：发动机热车怠速状态下运转，用听诊器测听各缸喷油器工作的声音，此时应能听到喷油器有节奏的“嗒嗒”声，若各缸喷油器工作声音清脆均匀，说明各喷油器工作正常；若某缸喷油器的工作声音很小，则说明该喷油器工作不正常；若听不到其喷油器的工作声音，则说明该喷油器不工作。

(2) 断缸检查法：发动机热车后使其怠速运转，依次拔下各缸喷油器的线束插头，使喷油器停止工作。若拔下某缸喷油器线束插头后，发动机的转速明显下降，则说明该喷油器工作正常；反之，若拔下某缸喷油器线束插头后发动机的转速无明显变化，则说明该喷油器不工作或工作不良。

2．喷油器电磁线圈电阻的测量

测量喷油器电磁线圈的电阻可就车测量，也可拆下后测量。其测量方法和标准是：拔下喷油器线束插头，用万用表测量喷油器两接线柱之间的电阻。

喷油器类型：□高阻抗型（标准阻值为______________Ω）

□低阻抗型（标准阻值为______________Ω）

测量值为__________________Ω。

结果判断及处理：____。

3．喷油器的工作性能测试

测试喷油器的工作性能可按下述方法就车进行。测试过程应在通风良好处进行，严禁烟火，特别要注意杜绝因碰电而产生电火花。

（1）喷油器密封性能的测试：整体拆下燃油分配管及喷油器，用一根较长的专用油管将汽油滤清器出口与分配油管进油口连接，用另一油管接好回油管。在喷油器的下方放一干净的托盘，将分配管及喷油器放在托盘上，用一根短导线将电动汽油泵的两个检测插孔短接，接通点火开关（但不要起动发动机），使电动汽油泵运转，观察喷油器喷口有无漏油。

观察结果：□是□否漏油。漏油量为__________。

标准：1min 内漏油量少于________滴。

（2）喷油器喷油量的测试：继喷油器的密封性能测试之后，使电动汽油泵继续运转，用专用连接线依次连接各喷油器和蓄电池，使喷油器喷油，用量杯测量一定时间内的喷油量。每个喷油器测试 3 次。

喷油量测量值为_________ml/15s、_________ml/15s、_________ml/15s；

标准值为______________ml/15s。

结果判断及处理：____。

注意

在进行此项测试时，若所测试喷油器为低阻抗型，应在导线与蓄电池之间串联一个适当阻值的电阻，以免蓄电池的 12V 电压烧毁喷油器的电磁线圈。

（3）喷油器喷雾质量的测试：在测试喷油量的同时可观察喷油器的喷雾质量，喷油器喷出的油雾应细小而均匀，且向下直射，不得有偏向一边和油滴飞溅现象。对于多孔喷油器，各孔喷雾形状和角度要均匀，不应有油束形状偏斜和不均匀现象。

观察结果：____

____

____。

【知识拓展】

一、喷油嘴的结构

简单来说，喷油嘴其实就是个简单的电磁阀，如图 22-1 所示。当电磁线圈通电时，产生吸力，针阀被吸起，打开喷孔，燃油经针阀头部的轴针与喷孔之间的环形间隙高速喷出，形成雾状，利于燃烧充分。

喷油嘴本身是一个常闭阀（常闭阀的意思是当没有输入控制信号时，阀门一直处于关闭状态；而常开阀则是当没有输入控制讯号时，阀门一直处于开启状态），由一个阀针上下运动来控制阀的开闭。当ECU下达喷油指令时，其电压信号会使电流流经喷油嘴内的线圈，产生磁场来把阀针吸起，让阀门开启使油料能自喷油孔喷出。喷射供油的最大优点就是燃油供给之控制十分精确，让引擎在任何状态下都能有正确的空燃比，不仅让引擎保持运转顺畅，其废气也能合乎环保法规的规范。

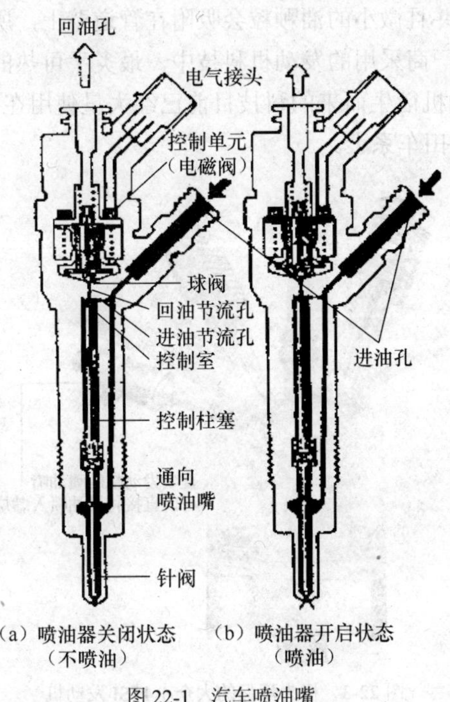

图22-1 汽车喷油嘴

柴油车喷油嘴相对于汽油车要复杂得多，因为涉及高压泵也就是我们通常所说的油泵。柴油车喷油嘴如图22-2所示。

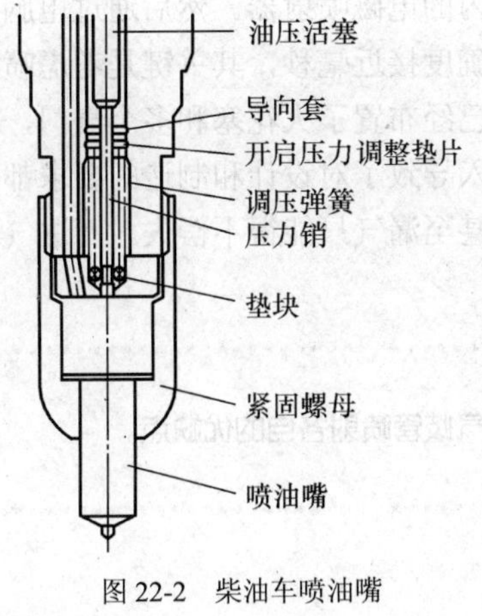

图22-2 柴油车喷油嘴

思考

柴油车喷油嘴与汽油车喷油嘴的不同？

二、缸内直喷与进气歧管喷射

缸内直喷又称 FSI（Fuel Stratified Injection），即燃料分层喷射技术，代表着传统汽油引擎的一个发展方向。传统的汽油发动机是通过电脑采集凸轮位置以及发动机各相关工况从而控制喷油嘴将汽油喷入进气歧管。但由于喷油嘴离燃烧室有一定的距离，汽油同空气的混合情况受进气气流和气门开关的影响较大，并且微小的油颗粒会吸附在管道壁上，所以希望喷油嘴能够直接将燃油喷入气缸。近来，各汽车厂商采用的发动机科技中，最炙手可热的技术非缸内直喷莫属，如图 22-3 所示。这套由柴油发动机衍生而来的科技目前已经大量使用在包括大众（含奥迪）、宝马、梅赛德斯-奔驰、通用以及丰田车系上。

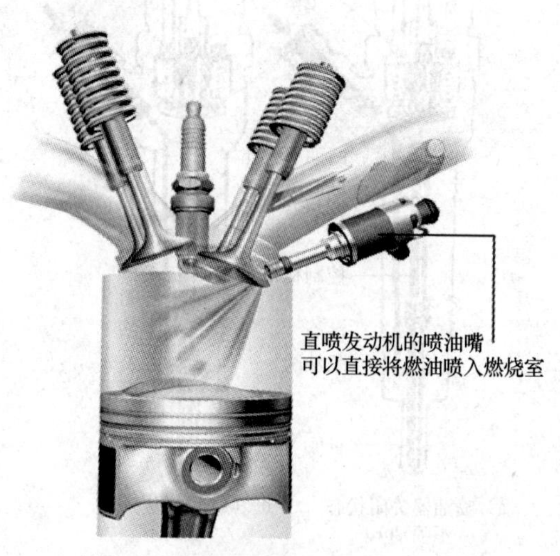

图 22-3　极为环保的大众 1.4TSI 发动机

这一技术是用来改善传统汽油发动机供油方式的不足而研制的缸内直接喷射技术，先进的直喷式汽油发动机采用类似于柴油发动机的供油技术，通过一个活塞泵提供所需的 1×10^4kPa 以上的压力，将汽油提供给位于气缸内的电磁喷射器。然后通过电脑控制喷射器将燃料在最恰当的时间直接注入燃烧室，其控制的精确度接近毫秒，其关键是考虑喷射器的安装，必须在气缸上部留给其一定的空间。由于气缸顶部已经布置了火花塞和多个气门，已经相当紧凑，所以将其布置在靠近进气门侧。由于喷射器的加入导致了对设计和制造的要求都相当的高，如果布置不合理、制造精度达不到要求导致刚度不足甚至漏气只能得不偿失。而进气歧管喷射，顾名思义就是喷油嘴直接安装在进气歧管上。

思考

缸内直喷与进气歧管喷射各自的优缺点。

【课后反思】

电控发动机燃油供给装置检修作业考核表

班级：＿＿＿＿＿＿ 姓名：＿＿＿＿＿＿ 开始时间：＿＿＿＿＿＿ 结束时间：＿＿＿＿＿＿

<table>
<tr><th colspan="2">项目</th><th>配分</th><th>评分标准或要求</th><th>违规记录</th><th>得分</th></tr>
<tr><td rowspan="5">基本情况评定</td><td>工具的选用</td><td>6</td><td>工具选用不当，发现一次扣 3 分，扣完本分值为止</td><td></td><td></td></tr>
<tr><td>工具的使用</td><td>6</td><td>工具使用不当，发现一次扣 3 分，扣完本分值为止</td><td></td><td></td></tr>
<tr><td rowspan="2">零部件摆放及工具整理</td><td rowspan="2">6</td><td>零部件乱摆乱放，除下述另有规定的外，发现一次扣 2 分，扣完 6 分为止</td><td></td><td></td></tr>
<tr><td>发动机安装完毕后，场地未清理干净扣 2 分，工具未整理或整理不当扣 1～2 分</td><td></td><td></td></tr>
<tr><td>三不落地</td><td>6</td><td>零部件、工具、油料、抹布等落地一次扣 2 分，扣完本分值为止；发现较严重情况的本项不得分</td><td></td><td></td></tr>
<tr><td rowspan="10">检修过程评定</td><td rowspan="2">汽油滤清器的维护</td><td rowspan="2">10</td><td>正确维护可拆式汽油滤清器，5 分</td><td></td><td></td></tr>
<tr><td>正确维护不可拆式汽油滤清器，5 分</td><td></td><td></td></tr>
<tr><td rowspan="2">电动汽油泵的维护</td><td rowspan="2">20</td><td>正确测量最大压力和保持压力，10 分</td><td></td><td></td></tr>
<tr><td>正确检查电动汽油泵的性能，10 分</td><td></td><td></td></tr>
<tr><td rowspan="3">燃油压力调节器的维护</td><td rowspan="3">15</td><td>正确检查燃油压力调节器工作状况，4 分</td><td></td><td></td></tr>
<tr><td>正确进行燃油压力调节器保持压力的检查，5 分</td><td></td><td></td></tr>
<tr><td>正确读出容积数值得 6 分</td><td></td><td></td></tr>
<tr><td rowspan="3">喷油器的检查</td><td rowspan="3">15</td><td>正确检查喷油器的工作状况，5 分</td><td></td><td></td></tr>
<tr><td>正确测量喷油器电磁线圈电阻的测量，5 分</td><td></td><td></td></tr>
<tr><td>正确测试喷油器的工作性能，5 分</td><td></td><td></td></tr>
<tr><td colspan="2">安全文明生产</td><td>8</td><td>着装整齐、动作规范、精神饱满、有礼貌，否则扣 1～8 分</td><td></td><td></td></tr>
<tr><td colspan="2">总用时（60 分钟）</td><td>8</td><td>每超过一分钟扣 4 分，扣完为止</td><td></td><td></td></tr>
<tr><td colspan="2">总配分</td><td>100</td><td></td><td>总得分</td><td></td></tr>
<tr><td>考核感悟</td><td colspan="5"></td></tr>
</table>

项目二十三 喷油器的检测

【项目教学目标】

1．掌握喷油器的结构与工作原理。

2．能通过电路图检测喷油器及其电路的状况。

【项目所需器材】

帕萨特电控实验台、汽车万用表、世达工具、连接线等。

【项目教学内容】

1．喷油器工作情况的检查

（1）检查喷油器工作声音。发动机运转时，用手指接触喷油器，应有脉冲振动的感觉；用旋具或听诊器与喷油器接触，应能听见其节奏的工作声音，否则要对喷油器或 ECU 输出的喷油信号作进一步检查。

（2）检查发动机转速变化。起动发动机，拔下某缸喷油器线束插头，喷油器停止喷油，发动机转速立即下降，表明该喷油器正常。否则要更换喷油器。

2．喷油器电路电压的检测

分别拔下 1-4 缸线束插头，测量 N30/1、 N31/1、 N32/1、 N33/1 端子与搭铁之间的电压分别为____ V、____ V、_____ V、_____ V。

标准电压值为________________V。

结果判断及处理：____。

3．喷油器电磁线圈电阻的检查（200Ω挡）

拔下喷油器的线束插头，用万用表电阻挡测量喷油器上两个接线端子间的电阻值。

N30/1—N30/2_______Ω；N31/1—N31/2 _______Ω；

N32/1—N32/2 _______Ω；N33/1—N33/2 _______Ω。

标准电阻值：高电阻型：_________Ω；

低电阻型：_________Ω。

结果判断及处理：____。

4．断路检查

拔下喷油的线束插头，用万用表电阻挡测量每个喷油器上 2 号端子与 ECU 对应端子的电阻值。

N30/2—J220/98_______Ω；N31/2—J220/89_______Ω；

N32/2—J220/97_______Ω；N33/2—J220/88_______Ω。

标准电阻值为_________Ω。

结果判断及处理：____。

【知识拓展】

1．喷油器结构图如图 23-1 所示。

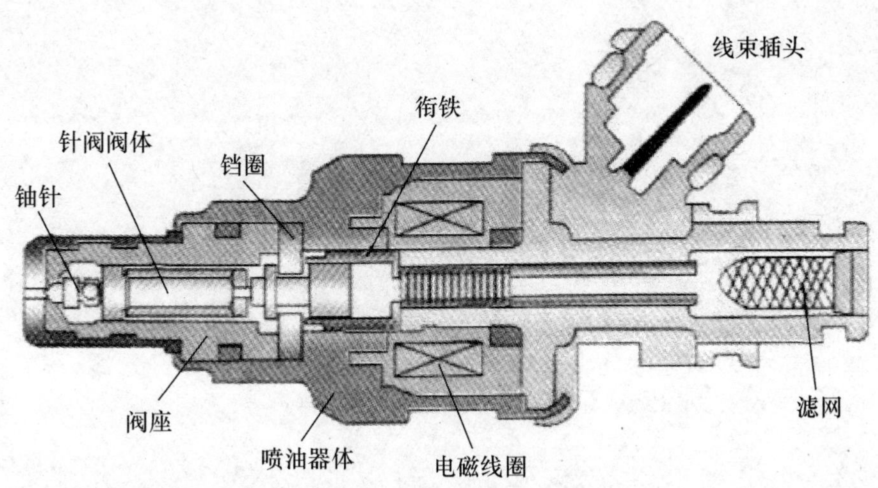

图 23-1 轴针式电磁喷油器

作用：接受来自 ECU 的信号，把雾化良好的汽油喷入进气管。

工作原理：在喷油器体内有一个电磁线圈，针阀与衔铁组合成一体。当电脑送来喷射信号时，电磁线圈通电时，电磁线圈产生的电磁力将衔铁与针阀吸起，压力燃油即从喷孔喷射到进气歧管中。喷油时，针阀升程为 0.1mm，一次喷油持续的时间范围为 2～10ms。喷油的时间（通电时间）长，喷油量多；反之则少。

2．喷油器的控制电路如图 23-2 所示。

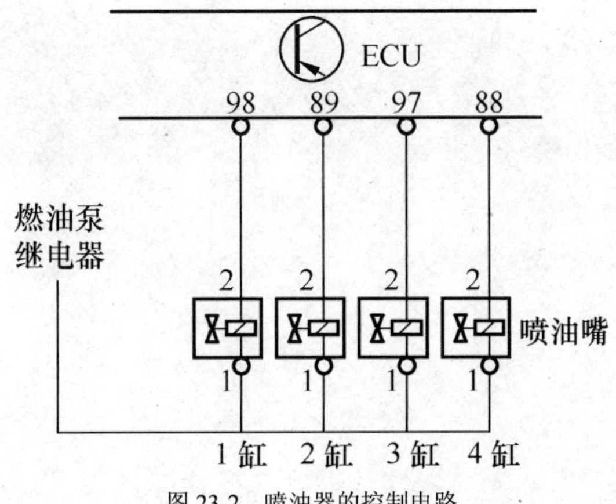

图 23-2 喷油器的控制电路

3．喷油器有高电阻和低电阻（线圈电阻）之分，其驱动控制电路也有电流和电压驱动两种形式。电流驱动型电路只能用于低阻型（0.6～3Ω）喷油器；电压驱动型电路既适用于高阻型（12～17Ω）喷油器，又适用于串有附加电阻低阻型喷油器。

【课后反思】

喷油器检测考核表

<table>
<tr><td>姓名</td><td></td><td>班级</td><td></td><td>分数</td><td></td></tr>
<tr><td colspan="6">测量记录　　缸号：________缸</td></tr>
<tr><td rowspan="2">喷油器电阻测量</td><td>元件</td><td>N30</td><td>N31</td><td>N32</td><td>N33</td></tr>
<tr><td>数值</td><td></td><td></td><td></td><td></td></tr>
<tr><td rowspan="2">电压检查</td><td>位置</td><td>N30/1</td><td>N31/1</td><td>N32/1</td><td>N33/1</td></tr>
<tr><td>数值</td><td></td><td></td><td></td><td></td></tr>
<tr><td rowspan="2">断路检查</td><td>位置</td><td>N30/2—J220/98</td><td>N31/2—J220/89</td><td>N32/2—J220/97</td><td>N33/2—J220/88</td></tr>
<tr><td>数值</td><td></td><td></td><td></td><td></td></tr>
<tr><td></td><td></td><td></td><td></td><td></td><td></td></tr>
<tr><td colspan="6">检测结论</td></tr>
<tr><td colspan="3">故障部位</td><td colspan="3">维修建议</td></tr>
<tr><td colspan="3">喷油器电源线</td><td colspan="3">□继续使用　□维修或更换</td></tr>
<tr><td colspan="3">喷油器至 ECU 之间连线</td><td colspan="3">□继续使用　□维修或更换</td></tr>
<tr><td colspan="3">喷油器</td><td colspan="3">□继续使用　□维修或更换</td></tr>
<tr><td>考核感悟</td><td colspan="5"></td></tr>
</table>

参考文献

[1] 阎岩，臧杰．汽车构造实习指导．北京：机械工业出版社，2006

[2] 张朝山．汽车拆装与调整．北京：机械工业出版社，2005

[3] 蔡兴旺，付晓光．汽车构造与原理实训．北京：机械工业出版社，2006